"A leitura me trouxe uma duríssima constatação. A realidade, apurada por Cecília Olliveira, supera qualquer ficção inspirada em fatos reais. A milícia na década de 2020 é mais violenta, mais infiltrada, mais ameaçadora do que poderíamos supor; política e crime se confundem na definição mais clássica de um narcoestado. Cecília oferece mais do que o título propõe e mostra como traficantes e milicianos, que atuavam em esferas independentes, se fundiram, criando um verdadeiro ovo da serpente. Um livro sensacional."

RODRIGO PIMENTEL, capitão veterano do Bope, autor de *Tropa de elite* 1 e 2, coprodutor do documentário *Ônibus 174*, produtor e corroteirista do longa *Intervenção*.

"A história de Bené, o miliciano, é um diagnóstico de tudo o que deixamos de fazer, como sociedade, e criamos com isso o terreno fértil para um crime que ainda hoje é socialmente aceitável, graças a uma narrativa que envolve torturadores, assassinos e seus apoiadores numa aura de heroísmo justiceiro. Um livro fundamental no momento em que a "miliciarização" do país avança de maneira assustadora, com o apoio da estrutura política."

SÔNIA BRIDI, jornalista

"Cecília Olliveira é jornalista. E das ótimas. Isso explica a qualidade do texto de *Como nasce um miliciano*. Ela é também pesquisadora aplicada e persistente. Aqui está o resultado de duas décadas de intenso trabalho de quem veio de fora, não tirou os olhos do Rio de Janeiro, insistiu em compreendê-lo. O livro é surpresa para iniciantes; desencanto para iniciados. A partir da história particular do Cabo Bené, a autora traça o panorama geral do que se tornou o Grande Rio – e espreita o Brasil. Obrigatório."

FLÁVIA OLIVEIRA, jornalista

"O que este livro de Cecília Olliveira, craque do melhor jornalismo investigativo, faz é uma espécie de aula de anatomia: disseca a cidade e revela a podridão que azeda o mate, bota água no chope, desafina o samba, mostra os dentes do malandro maneiro e apaga o sol. *Como nasce um miliciano* mostra que poder e crime são siameses no balneário – faces da mesma moeda – e lança o alerta: o Rio sempre foi, para o bem e para o mal, um laboratório de experiências para o Brasil. O que nos aguarda?"

LUIZ ANTONIO SIMAS, historiador, professor e escritor

CECÍLIA OLLIVEIRA

**COMO NASCE
UM MILICIANO**

CECÍLIA OLLIVEIRA

COMO NASCE UM MILICIANO

A rede criminosa que cresceu dentro do Estado e domina o Brasil

© Cecília Olliveira, 2025
© Bazar do Tempo, 2025

Todos os direitos reservados e protegidos pela Lei n. 9610, de 12.2.1998.
Proibida a reprodução total ou parcial sem a expressa anuência da editora.

Este livro foi revisado segundo o Acordo Ortográfico da Língua Portuguesa de 1990, em vigor no Brasil desde 2009.

Edição **ANA CECILIA IMPELLIZIERI MARTINS**
Coordenação editorial **CRISTIANE DE ANDRADE REIS**
Assistente editorial **BRUNA PONTE**
Pesquisa **LOLA FERREIRA, YURI EIRAS E GUSTAVO ALMEIDA**
Tratamento de texto **MARÍLIA GONÇALVES**
Checagem **MARIANA FILGUEIRAS E FLORIANO CATHALÁ**
Revisão **SÁVIO ALENCAR E MARINA MONTREZOL**
Capa e projeto gráfico **ESTÚDIO INSÓLITO**
Infográficos **RODOLFO ALMEIDA**

CIP-BRASIL. CATALOGAÇÃO NA PUBLICAÇÃO
SINDICATO NACIONAL DOS EDITORES DE LIVROS, RJ

O59c

    Olliveira, Cecília
        Como nasce um miliciano : a rede criminosa que cresceu dentro do estado e domina o Brasil / Cecília Olliveira. - 1. ed. - Rio de Janeiro : Bazar do Tempo, 2025.

        ISBN 978-65-85984-49-2

        1. Crime organizado - Rio de Janeiro (Estado). 2. Rio de Janeiro (Estado) - Milícias. 3. Milicianos - Rio de Janeiro (Estado). I. Título.

25-97765.0   CDD: 364.106098153
                                   CDU:364.652:343.97(815.3)

Meri Gleice Rodrigues de Souza - Bibliotecária - CRB-7/6439

1ª reimpressão, julho 2025

BAZAR DO TEMPO
PRODUÇÕES E EMPREENDIMENTOS CULTURAIS LTDA.

Rua General Dionísio, 53 - Humaitá
22271-050 - Rio de Janeiro - RJ
contato@bazardotempo.com.br
www.bazardotempo.com.br

INTRODUÇÃO Este não é um livro só sobre bandidos	**9**
MAL COM MAL	**14**
Encurralados	16
Mudanças no tabuleiro do crime	38
A morte de Faustão e o velho inimigo nº 1	46
A geografia de Bené	49
Franquias e um porto estratégico	60
O berço de Bené	69
Imprensa e milícia	75
De dentro	80
O preço do Bonde	87
Um jogo eleitoral	90
A FORÇA QUE EMANA DE DENTRO	**96**
Um líder discreto, mas extremamente violento	102
O mal necessário	113
Uma história ligada a outra	119
Mais conexões	125
O miliciano não nasce, ele se transforma	134
TERRA PRÓSPERA	**142**
Quem errou que pague	152
Pacificar	160
A EVOLUÇÃO DOS BICHOS	**168**
O Rio continua sendo	171
O recado das mortes dos doze de Itaguaí	177
A milícia come ao lado	184
NOTAS	**189**
REFERÊNCIAS BIBLIOGRÁFICAS	**213**
LINHA DO TEMPO	**216**
AGRADECIMENTOS	**223**

Introdução

Este não é um livro só sobre bandidos

Sempre achei que o Rio de Janeiro tinha jeito. Hoje eu tenho muitas dúvidas.

Essa visão não veio de uma hora para outra. Foram quase duas décadas acompanhando a cidade como jornalista, batendo em portas que não se abriam, ouvindo histórias que não encontravam espaço nos jornais e, principalmente, vendo a linha que separa o Estado do crime organizado se dissolver um pouco mais a cada ano.

Em outubro de 2020, doze homens foram mortos em Itaguaí, na Baixada Fluminense. Para quem acompanha o noticiário do Rio, foi mais uma operação policial entre tantas. Para mim, o ponto de partida de uma investigação que mudaria ainda mais minha forma de enxergar as estruturas de poder que controlam o estado. Entre os mortos, estava Carlos Eduardo Benevides Gomes, o Cabo Bené, um ex-policial militar que se transformou em um líder miliciano.

O que faz um homem que prestou concurso para servir e proteger cidadãos decidir atravessar a linha e se tornar aquilo que jurou combater? Como uma estrutura criminosa se torna tão poderosa a ponto de dominar quase metade do território da segunda maior cidade do país? E, mais importante, por que isso deveria importar para você, esteja onde estiver no Brasil?

Este livro nasceu da minha obsessão em entender o caminho que transformou Bené em miliciano. Para isso, precisei mergulhar em documentos oficiais, muitos deles sigilosos, perseguir processos judiciais e bater na porta de delegacias onde o silêncio era a única resposta. Precisei ouvir pessoas que falavam apenas sob o compromisso de anonimato – policiais, promotores, juízes, moradores, familiares de vítimas e até mesmo milicianos.

"Cheguei ao limite do que posso te contar sem me comprometer", foi o que ouvi diversas vezes durante essa investigação. Outras vezes, o silêncio era interrompido apenas pelo som de uma cadeira sendo arrastada, a entrevista abruptamente encerrada.

Você não precisa morar em Itaguaí ou conhecer o Rio de Janeiro para ser afetado pelo fenômeno que descrevo nestas páginas. Porque a milícia não é um fenômeno carioca. É um modelo de negócio em expansão. Ela é, antes de tudo, uma forma de exercer poder econômico e político. Quando você abastece seu carro, compra água mineral, contrata internet, ou mesmo quando vota, pode estar, sem saber, alimentando uma estrutura que comanda territórios, influencia eleições e redefine políticas públicas.

Não há como separar o PIB legal do PIB ilegal no Rio de Janeiro. Eles se entrelaçam, se retroalimentam, e todo mundo, de uma forma ou de outra, financia isso. E, quando um modelo de negócio é tão bem-sucedido, é apenas uma questão de tempo até que seja replicado em outros estados.

Durante minha investigação para este livro, estive em restaurantes frequentados por milicianos na Barra da Tijuca, onde um vinho pode custar mais do que seis meses da "taxa de proteção" cobrada de uma pequena loja no bairro de Santa Cruz, não muito longe dali. Percorri as mesmas estradas usadas por Bené e seu bonde em dias comuns de ronda, onde ele foi emboscado naquela noite de outubro de 2020. Conversei com pessoas que cresceram vendo policiais como heróis e hoje não sabem mais em quem confiar.

"O miliciano não nasce, ele se transforma", me disse um coronel aposentado. E essa transformação diz muito sobre as falhas estruturais das nossas instituições – todas elas.

A milícia não é um poder paralelo – é o próprio Estado funcionando em benefício de grupos criminosos, muitas vezes formados por pessoas legalmente eleitas. Não é coincidência que cinco ex-governadores do Rio tenham sido presos ou que vereadores e deputados mantenham ligações diretas com esses grupos. O que vemos não é uma falha no sistema, mas sim ele operando exatamente como foi projetado para funcionar.

Nas páginas a seguir, você vai acompanhar o caminho que levou Cabo Bené da academia de polícia aos domínios da milícia de Itaguaí. Vai entender como uma única unidade de patrulhamento, a Patamo 500, se tornou berço de assassinos que fizeram escola, como Ronnie Lessa, executor confesso da vereadora Marielle Franco. Vai descobrir como as eleições são decididas em reuniões nas quais fuzis repousam sobre a mesa, ao lado de copos de uísque e promessas de cargos públicos.

Este não é um livro sobre bandidos – mas sobre como o Estado cria e nutre seus próprios algozes, e depois finge surpresa quando eles mostram as garras, e as armas.

O Rio de Janeiro, com suas praias, o Carnaval e cartões-postais, esconde uma realidade que preferiríamos ignorar. Mas essa realidade está chegando cada vez mais perto, não importa onde você viva. Porque a distância entre a ordem e o caos não é medida em quilômetros, mas na velocidade com que permitimos que nossas instituições sejam corroídas por dentro.

Como nasce um miliciano? A resposta a essa pergunta é também a chave para entendermos como podemos – se é que ainda podemos – impedir que o modelo se replique país afora. Este livro não traz respostas fáceis, porque elas não existem, mas faz um alerta: o inimigo não vem de fora. Ele nasce, cresce e prospera dentro das nossas próprias instituições.

E isso, mais que qualquer outra coisa, deve nos importar.

MAL COM MAL

**Ou se corrompe,
ou se omite,
ou vai pra guerra**

"VOCÊ NÃO É CAVEIRA. Você é moleque! Moleque!" Qualquer brasileiro que tinha mais de dezesseis anos em 2007 se lembra dessa frase, do filme *Tropa de elite*.[1] Na cena, o personagem Capitão Nascimento segura Neto pela gola da farda preta, grita e dá um tapa na cara do "aspira" – termo informal usado dentro das polícias militares e de outras forças de segurança para se referir a aspirantes a oficial. Neto colocara a própria vida em risco já na primeira operação policial de que participou depois de concluir o curso de formação da tropa de elite da Polícia Militar do Estado do Rio de Janeiro (PMERJ).[2]

Naquele ano, o Brasil adotou frases de efeito e trejeitos daquele que foi coroado como policial modelo, defendendo-o de forma quase unânime. Apesar de comandar operações em que tortura presos e esculacha moradores de favelas que nada tinham a ver com traficantes, Capitão Nascimento tornou-se a imagem do policial incorruptível.

A cena do aspirante Neto tomando um tapa na cara foi gravada em Rio das Pedras, bairro da Zona Oeste do Rio de Janeiro que ficou nacionalmente conhecido a partir da execução da vereadora Marielle Franco e de seu motorista, Anderson Gomes, pouco mais de uma década depois do lançamento do filme. A milícia dessa região, saberíamos adiante, foi quem forneceu a arma para o crime, ocorrido em 14 de março de 2018, na área central da cidade, quando a segurança pública do estado estava excepcionalmente sob intervenção de militares do Exército Brasileiro.[3]

No intervalo entre o lançamento do filme e a morte de Marielle Franco, milicianos sequestraram e torturaram dois jornalistas e o motorista do jornal *O Dia*, foram investigados na Comissão Parlamentar de Inquérito (CPI) das Milícias e na CPI das Armas – instauradas no Rio de Janeiro para investigar o crime organizado no estado – sumiram dos holofotes depois dessa publicidade ruim e reapareceram nas manchetes dos jornais quando já dominavam, juntos, mais territórios do Rio do que os traficantes das mais poderosas facções, como Comando Vermelho (CV), Terceiro Comando (TC) e Amigos dos Amigos (ADA).[4]

O mercado das milícias, organização criminosa formada em sua maioria por agentes públicos de segurança, vive em constante expansão e diversifica seus negócios. Areia,[5] gasolina,[6] farmácias, imóveis,[7] água,[8] televisão, internet,[9] vans.[10] A milícia está em tudo e lucra com tudo que pode ser comercializado nas áreas onde o poder público só chega de viatura.

Mas como é esse caminho em que uma pessoa é aprovada em um concorrido concurso público para a Polícia Militar e, pouco tempo depois, se torna parte de um grupo criminoso que extorque, mata, humilha moradores e regula todos os aspectos da vida de milhões de cidadãos no Rio de Janeiro?

ENCURRALADOS

Quem vai do Rio de Janeiro para São Paulo pega a famosa rodovia BR-101, no trecho conhecido como Rio-Santos. Se tudo ocorrer como o planejado, em seis ou sete horas você põe os pés em uma das cidades mais cinzentas do Brasil. No caminho, você passa por um posto da Polícia Rodoviária Federal (PRF) que fica na altura de Itaguaí, cidade da Baixada Fluminense. Cerca de quinhentos metros antes dele, há uma saída à direita, para a avenida Ponte Preta, onde fica uma concessionária da Volkswagen, a Real Veículos, uma das maiores da região. Foi em frente a ela que aconteceu uma das mais violentas chacinas policiais do estado do Rio de Janeiro, a primeira com a participação da PRF.[11]

A operação foi realizada em conjunto com policiais da Coordenadoria de Recursos Especiais (Core), a força especial da Polícia Civil do Estado do Rio de Janeiro (PCERJ).[12] Os doze homens[13] mortos na ação vinham sendo monitorados havia duas semanas. A investigação da polícia mostrava que aquela pequena via às margens da Rio-Santos era usada, havia mais ou menos três anos, como rota de fuga por milicianos que atuavam nos bairros ao longo da rodovia, entre a Zona Oeste do Rio e a Baixada Fluminense.

Era o início da noite de quinta-feira, 15 de outubro de 2020, quando o comboio de milicianos liderado pelo Cabo Bené pegou a avenida Ponte Preta, como de costume. Era dia de baile no Chaperó, bairro do município de Itaguaí. O alerta de que o bonde – como também chamam esses comboios, seja de milicianos ou de traficantes – se aproximava da base da polícia chegou. O grupo havia partido de Santa Cruz, bairro da Zona Oeste carioca, e seguia em direção à Baixada. Por volta das 20h, os policiais receberam a orientação para se posicionar. A PRF armaria uma espécie de blitz, enquanto os policiais civis ficariam a postos, escondidos. Silenciosos, avançaram a pé por meio quilômetro, caminhando no escuro, na contramão do tráfego, em direção à concessionária Real. A chuva fina caía sem pressa,

17

molhando o asfalto. Em poucos minutos, os doze homens seriam pegos de surpresa.

Conforme esperado, os carros viraram à direita, em alta velocidade, rumo à agulha que leva à avenida Ponte Preta. Assim que avistaram as viaturas, os milicianos se posicionaram para o embate. Vestiam roupas táticas que os faziam parecer policiais – quase todos usavam trajes escuros e cabelos cerrados, alguns calçavam também coturno militar. Os coletes balísticos, os coldres presos às pernas e às cinturas, cada detalhe reforçava a impressão de um grupo treinado e disciplinado. Para vários dos agentes que participaram da operação, não havia dúvida: aqueles homens agiam com precisão calculada, seguindo um padrão tático que um dos policiais definiu como "guerrilha urbana". Outro foi ainda mais preciso: "Eles desceram dos carros em formação de patrulha, abaixaram a silhueta e buscaram abrigo, cada movimento calculado. Não havia hesitação – estavam ali para iniciar o confronto".

A polícia já havia tentado prender esses milicianos antes, sem êxito. Em uma ocasião anterior, os criminosos conseguiram fugir pelo pequeno rio que corre ao lado da via. Era um curso de água imunda, cercado de esgoto, mas serviu de rota de fuga. No meio da noite, sob a escuridão, os criminosos pularam na água e desapareceram. Houve disparos, mas ninguém foi preso.

Essa era a segunda tentativa, e apenas um dos carros conseguiu escapar do cerco. O comboio avançava sob a escolta de uma viatura da Polícia Militar, que não seguiu pelo desvio. Em vez disso, manteve o curso reto, passando sem impedimentos pelo posto da PRF antes de desaparecer pela Rio-Santos. Esses policiais, portanto, não foram pegos.

Na avenida Ponte Preta, os milicianos frearam bruscamente, saltaram dos carros e tomaram posição. A Nissan Frontier branca, o Ford Ecosport vermelho, o Fiesta preto e o Mitsubishi ASX cinza se tornaram barricadas improvisadas. Alguns se protegeram atrás dos veículos, enquanto outros se lançaram ao chão, buscando o melhor ângulo para o ataque.

"Polícia!" O grito ecoou no ar, rompendo o silêncio tenso da área mal iluminada. A visão não era tão boa. Nos depoimentos, os policiais foram unânimes: a linha de frente da patrulha da Core, postada à beira da rodovia onde os carros haviam parado, tomou a dianteira na abordagem. A ordem foi dada em alto e bom som. Do outro lado, a resposta veio rápida e brutal: muitos tiros, dando início ao confronto pesado.

Os policiais reagiram. Avançaram com cautela em direção aos criminosos. Do outro lado, vários deles estavam agachados ou deitados no chão, disparando contra os policiais. As equipes da Core se dividiram e se posicionaram em volta dos quatro carros-barricadas para cercá-los. Os milicianos também se dividiram em células.

"Os tiros passaram assustadoramente perto. Eu podia ouvir o zumbido dos projéteis cortando o ar, deslizando a poucos centímetros do meu ouvido",[14] contou um dos policiais civis que participaram da ação. A temperatura subiu quando o policial civil João Victor Ravizzini foi alvejado no tórax, na altura do coração, um pouco abaixo da borda do colete à prova de balas que usava. Ele foi levado para o hospital e sobreviveu graças à proteção.

Foi tudo muito rápido. O bonde foi interceptado, e os doze membros do grupo comandado por Bené foram fuzilados. Inclusive ele: Carlos Eduardo Benevides Gomes.

Horas antes, cinco milicianos do mesmo grupo foram mortos em Nova Iguaçu,[15] outra cidade da Baixada Fluminense. De acordo com a Polícia Civil, as dezessete mortes em menos de 24 horas eram parte de uma ação para coibir a interferência nas eleições do Rio de Janeiro.[16]

Bené fazia parte de uma franquia da milícia, replicando em Itaguaí o modelo comercial da matriz – então liderada por Wellington da Silva Braga, o Ecko, chefe da maior facção miliciana em atividade no estado naquele momento. O franqueado pagava uma taxa para ter acesso à organização maior, usar o nome respeitado de Ecko e receber suporte na instalação e na operação do negócio. A matriz dividia planos, armas e homens.

Danilo Dias Lima, o Tandera, fazia parte de outra franquia, dominando áreas na Zona Oeste do Rio. Ambos eram homens de confiança de Ecko, e Tandera havia selado uma aliança para expandir o domínio sobre a Baixada Fluminense. Mas isso estava para mudar. Diferentemente de Bené, Tandera estava no bonde que partiu de Nova Iguaçu, também na Baixada, mas conseguiu escapar.

* * *

A notícia da morte de Bené correu rápido. Sua ex-namorada foi uma das primeiras a saber e, sem hesitar, ligou para a irmã do ex-PM. Em poucos minutos, as redes sociais foram tomadas por vídeos e mensagens sobre a operação, o que levou alguns dos parentes dos mortos ao local para tentar entender o que havia acontecido. A irmã de Bené não conseguiu reconhecer o corpo ali e foi orientada a se dirigir para o Instituto Médico Legal (IML) Afrânio Peixoto, um edifício espelhado que fica no centro da cidade do Rio e está sempre lotado.

No início da madrugada, o perito começou o exame de necropsia. Após concluí-lo, registrou em seu relatório: "Às 3h41 da madrugada de 16 de outubro de 2020, um cadáver foi encaminhado ao Serviço de Necropsia, acompanhado da Guia nº 861 0809/2020 do IML Afrânio Peixoto." No documento constavam as seguintes informações:

Nome: Carlos Eduardo Benevides Gomes
Sexo: Masculino
Cor: Não informada
Idade: 39 anos
Nacionalidade: Brasileira
Endereço: Rua Ana Clara Cruz, 296, Casa 02 – Paciência, Rio de Janeiro
Causa da morte: Homicídio (detalhes não informados)
Local da remoção: Avenida Ponte Preta, Jardim América, Itaguaí

Bené vestia calça de brim preta, camisa de linho preta de mangas longas e sapatênis brancos que pareciam novos. As tatuagens de São Miguel, em seu dorso, e do Espírito Santo, na perna direita, agora dividiam espaço com feridas de bala de bordas irregulares e formato estrelado.

Dos onze homens de cabelo cerrado que estavam no IML (o 12º seria levado para hospital, onde morreria horas mais tarde), ele se diferenciava pelos fios castanhos, lisos, longos e com mechas louras. A imagem contrastava com aquelas amplamente divulgadas pela imprensa e pelo Portal dos Procurados – serviço vinculado ao Disque Denúncia do Rio de Janeiro, criado para auxiliar na captura de criminosos foragidos da Justiça –, que oferecia recompensa por qualquer pista que levasse ao miliciano.

No fim das dezenas de termos técnicos do laudo, o resumo da causa da morte: ferimentos transfixantes do tórax e abdômen com lesão do coração e fígado. A informação foi adicionada à ficha do homem que tinha chegado ao IML com um lacre azul no pé, onde se lia "não identificado 809/DHBF".

No meio da tarde da sexta-feira, 16 de outubro, horas depois da operação que resultou na chacina, uma postagem na página de Facebook da 50ª Delegacia de Polícia, que atende ao município de Itaguaí, noticiou o ocorrido: "Entre os mortos está o ex-PM Carlos Eduardo Benevides Gomes, o Cabo Bené, um dos homens mais procurados do estado. Ele é apontado pela polícia como um dos chefes da milícia em Itaguaí." De aspecto protocolar, com um texto que parecia copiado de jornais do dia, o *post* estava acompanhado de uma foto mostrando cápsulas deflagradas de fuzil sobre a grama – enlameada e recém-pisoteada – daquele acostamento da concessionária Volkswagen. Em outra foto, o material que os policiais alegavam ter apreendido com o bonde do Bené, exibido em frente a um banner com brasões da Polícia Civil: onze armas, sendo oito fuzis e três pistolas; além de uma granada, dez rádios comunicadores e alguns carregadores.

Nos comentários, muitos parabéns, emojis de palmas e comemorações pelos "doze CPFs cancelados". "Parabéns aos policiais envolvidos. Deveriam ter matado mais", comemorava uma mulher de meia-idade que se apresenta como "uma pessoa que só quer viver em paz" e equilibra suas dezenas de *likes* na rede social entre conteúdos sobre violência, contas militares e "Um minuto com Deus", página do Facebook em que são postados conteúdos religiosos.

Os outros comentários na publicação são de pessoas com perfis similares: meia-idade, seguidores de perfis policiais, de notícias populares e de conteúdo religioso. Uma combinação que tem se refletido na política atual de forma cada vez mais estarrecedora. Como se matar as pessoas fosse resolver o problema. Como se o Grande Rio* tivesse melhorado depois das 450 chacinas ocorridas nos últimos dez anos – entre 5 de julho de 2016 e 23 de janeiro de 2025, o Rio de Janeiro registrou, nessas chacinas, um total de 1.744 mortos. Desse total, 321 chacinas ocorreram com a presença policial, resultando em 1.280 mortes. Sete chacinas tiveram dez ou mais vítimas, somando 107 civis mortos. Em quatro dessas ações, houve participação da Core. No total, a Coordenadoria esteve envolvida em 26 das 450 chacinas registradas no período.

A tentativa de justificar as mortes, tanto pela população quanto por boa parte da imprensa, deixa os familiares das vítimas inibidos, com vergonha e medo de falar sobre o parente assassinado, mesmo sem ter qualquer envolvimento com suas atividades criminosas. Dos parentes dos milicianos assassinados que consegui ouvir enquanto buscava compreender tanto a motivação da chacina decorrente da operação quanto a atuação deles, nenhum quis se identificar. Alguns preferiram nem falar, seja pela vergonha, pelo medo de serem reconhecidos ou pelo desejo de se manterem afastados da situação e da tristeza de perder alguém próximo, ainda que essa pessoa tenha se "perdido na vida".

Daqueles com os quais foi possível ter contato, quatro aceitaram falar. Foi o caso de Carolina,** irmã de um

---

* Grande Rio é nome dado à região do núcleo metropolitano do estado, incluindo capital e Baixada Fluminense.

** Para garantir a segurança da entrevistada, utilizamos um nome fictício. Ao longo do livro, os asteriscos em nomes próprios indicam o mesmo procedimento. (N.E.)

dos mortos. Ela começa a conversa falando sobre um vídeo que parece ter sido gravado por alguém que estava em um local mais alto no momento da abordagem policial, já que as imagens são anguladas de cima para baixo. "Alguém estava filmando e dizendo que tinha um pessoal sendo preso numa operação da PRF e que estava dando tiro. Tanto que, em uma parte, a gente vê umas pessoas andando, tipo com a mão para trás, mas está muito escuro. Mas dá para ver uma fileira indo para debaixo da árvore."

De fato, a análise dos vídeos gravados naquele momento pode deixar mais dúvidas do que certezas. "Nunca vi uma operação dessa aqui. Operação da polícia sinistra agora. Muita polícia e é a federal, muita bala mesmo!" A voz de um homem pode ser ouvida em outro vídeo em que uma pessoa, do outro lado da pista, grava a ação em frente à concessionária. Parecia já ser tarde da noite, pois a operação estava sendo desmobilizada.

"As informações começaram a ficar desencontradas, dizendo que tinham sido presos, mas estavam baleados." Carolina ficou perdida procurando o irmão até ver as notícias na imprensa e nas redes sociais informando que todos estavam mortos. Só então, junto com familiares, desistiu de procurá-lo em hospitais e delegacias. Antes, estiveram no local da operação, mas a polícia não os deixou se aproximar. "Eles não confirmaram se ele estava morto, se estava vivo ou sendo preso. Ficamos totalmente sem notícias." Eles viram, de longe, os corpos ainda no chão.

Enquanto isso, outros parentes dos mortos na operação começaram a chegar ao IML de Campo Grande, endereço provável do encaminhamento dos corpos, devido à proximidade. No entanto, haviam sido enviados ao IML do Rio de Janeiro, a 70 km de distância – quase uma hora de carro.

Foi Carolina quem cuidou dos trâmites de liberação do corpo do irmão no IML. "Eu que reconheci o corpo." Ela ficou responsável por pegar os documentos de algumas das vítimas que usariam o mesmo serviço funerário e teve, então, acesso a seis guias amarelas do IML, que são formulários médicos utilizados para complementar as informações da Declaração de Óbito, um documento provisório. A guia amarela é entregue ao representante da família da pessoa falecida para ser utilizada na obtenção da Certidão de Óbito. Não a substitui, pois deve ser usada apenas enquanto a certidão está sendo providenciada, mas contém quase as mesmas informações. Com isso, Carolina teve acesso à *causa mortis* de seis dos doze mortos. Como os ferimentos eram semelhantes, ela acreditava ter havido execução.

Para agilizar o reconhecimento, ela contou que os corpos foram colocados em lotes. Dois grupos de seis corpos. "Quando entrei para reconhecer, passei por eles todos, meu irmão era o penúltimo. Olhei todos os corpos. Tinha um que estava com a cabeça meio deformada, acho que foi esse que tomou mais tiro. Uma ou duas pessoas tomaram mais tiros. Um na cabeça, outro na perna ou na mão. Não sei. Mas todos tinham no tórax, um único tiro." Ao ver isso, atentou para ler os laudos e constatou que muitos deles mencionavam tiros no tórax. Mas não foi só ela que se deparou com a versão de execução, a hipótese se espalhou rapidamente.

Se alguém for buscar informações sobre a operação na 50ª Delegacia de Itaguaí, não encontrará boletim de ocorrência registrado. "Mas houve postagem no Facebook", nós questionamos. Sabemos que, quando ocorre um crime em uma área – e ali houve doze homicídios –, o fato deve ser registrado na delegacia da região. No entanto, nos arquivos da 50ª DP, não há qualquer registro sobre o ocorrido na noite de 15 de outubro de 2020. E isso tem um porquê.

***

Quem segue pela BR-101, em direção a São Paulo, avista a concessionária Real à direita e, em frente a ela, uma pequena guarita azul, que permanece vazia após as 18h. Ali ficam os vigias da empresa, atualmente terceirizados. Quem trabalha na área durante a noite sabe que não pode vacilar. "É perigoso."

Dando uma volta pela região, conversei com pessoas que se recordam do caso – e se lembram também de não terem visto perícia no local. "De manhã já estava tudo desbaratado." Parecia estranho, e quem acompanhou o episódio concordou: "Pelo menos no meu bairro, esse negócio de corpo demora para caramba. Fica o corpo lá um tempão." Isso porque ali, perto da Real, "foi rapidão". De manhã já "não tinha nenhum vestígio [de tudo o que aconteceu na noite anterior] e ninguém apareceu para fazer reconstituição".

Não havia como ter visto nada. Foi tudo muito rápido, dos tiros à perícia. Às 21h40, a autoridade de plantão no Grupo Especial de Local de Crime (GELC) da Delegacia de Homicídios da Baixada Fluminense acionou a equipe, solicitando um exame pericial para um homicídio múltiplo; 55 minutos depois, às 22h35, o perito já estava no local. Era lá que haviam sido registradas as mortes – não na 50ª DP.

No relatório, o perito descreve o que viu:

> Trata-se de um trecho de via pública de aproximadamente 42 metros: coletora, simples, reto, plano, capeado em concreto asfáltico, com guia de calçadas, provido de iluminação pública deficiente. Com regime de tráfego em mão dupla, sem separa-

ção das faixas de sentidos opostos. Não existindo propriedades residenciais próximas, tendo apenas a concessionária de veículos mencionada de um lado e a rodovia Governador Mario Covas do outro. Com fluxo de pedestres nulo e de veículos raro, com piso molhado, em noite de tempo chuvoso. Onde dispersos pela área acima definida foram encontrados 5 (cinco) veículos automotores (V-00 a V-04) e 11 (onze) cadáveres (C-1 a C-11).*

O perito anotou cada detalhe dos ferimentos de Bené, fotografando seu corpo caído ao lado da porta do motorista do Ford Fiesta, o V-03. Próximo a ele, do lado do carona, outros sete corpos espalhavam-se pelo asfalto. A cena fazia parte de um quadro maior: Bené estava no terceiro carro da fileira, entre a Nissan Frontier branca, à frente, e o Ecosport vermelho, logo atrás.

Chegar a essas primeiras informações – que são públicas – não foi nada fácil. Foram nove meses de requerimentos via assessoria de imprensa das Polícias Civil e Rodoviária Federal, assim como por meio da Lei de Acesso à Informação (LAI). Era preciso entender as discrepâncias entre as versões que não estavam nos autos do processo. A verdade nunca é única, claro, mas também não é tão difusa a ponto de uma versão dizer que houve confronto e outra afirmar que se tratou de execução. Essa versão que aponta para a morte dos milicianos já rendidos circula também entre policiais, dos quais ouvi relatos semelhantes.

"No momento, não será possível contribuir." Essa foi a resposta que a assessoria de imprensa da Polícia Civil me deu pelo WhatsApp quando solicitei entrevistas com os delegados Moysés Santana e Carlos Alexandre Leite, que atuaram

---

* "V" refere-se a veículo identificado; "C", a corpo identificado.

GOVERNO DO ESTADO DO RIO DE JANEIRO
SECRETARIA DE ESTADO DE POLÍCIA CIVIL
DEPARTAMENTO GERAL DE HOMICÍDIOS E PROTEÇÃO A PESSOA
DELEGACIA DE HOMICÍDIOS DA BAIXADA FLUMINENSE
Avenida Retiro da Imprensa, Nº: 800 – Piam – Belford Roxo – RJ.
http://www.policiacivilrj.net.br

Proc.: 861-01065/2020   Laudo.: DHBF-SPC-002134/2020.

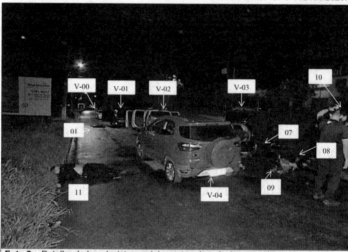

Foto 3 – Detalhe do Local, vista parcial, mostrando veículos e cadáveres.

Foto 4 – Vista parcial, mostrando a posição de alguns veículos e cadáveres.

Página do inquérito policial sobre a operação policial em Itaguaí, com imagens do local. O inquérito seria arquivado pouco tempo depois.

28

na 50ª Delegacia de Itaguaí e foram parte vital em uma das maiores operações contra a milícia, a Operação *Freedom*, do Público do Estado do Rio de Janeiro (MPRJ), realizada em 2021.[17] Assim, curto e grosso. O e-mail que mandei, três dias antes, nunca foi respondido. Nada incomum.

Quando tentei mais uma vez, a resposta mudou, mas continuou no vazio. "Não estou dizendo que a Polícia Civil não vai cooperar com você", respondeu a assessoria, afirmando que, se eu quisesse procurar os delegados, poderia ir em frente. Foi o que fiz, mas o delegado que contatei se negou a falar sem a autorização expressa da assessoria, que se recusou a responder oficialmente por e-mail. "Uma resposta dessa por e-mail é um posicionamento oficial, e eu estou te dizendo que não tenho um posicionamento oficial. Eu tenho essa conversa aqui [no WhatsApp]."

Diante do silêncio institucional da Polícia Civil, procurei saber, com fontes, em sigilo, se havia algum inquérito ou registro de ocorrência sobre a operação e a morte dessas doze pessoas. Na delegacia de Itaguaí, já sabia que não; mas poderia haver nas delegacias de homicídios da capital, da Baixada Fluminense ou da Região Metropolitana, para onde foram transferidas em 2016 quase todas as investigações sobre homicídios decorrentes de intervenção policial, antigamente chamados de autos de resistência. Também não havia nenhum documento. As informações poderiam, então, estar sob sigilo, não sendo visíveis em nenhum sistema da Polícia Civil para quem não tem o acesso direto ao caso. Até ver que a última hipótese era correta, procurei essas informações por quase um ano.

Aqui vale dar um passo para trás e entender a complexidade dessa força-tarefa que terminou numa operação conjunta entre agentes estaduais e federais, com mais de uma dezena de mortos. Até onde se vê nas notícias e entrevistas de secretários e comandantes, a operação foi liderada pela Core e contou com o apoio da PRF. Isso porque havia a possibilidade de as ações ocorrerem em rodovia federal. Ou seja, no fim, o inquérito instaurado para tratar dos resultados da operação seria de competência da Polícia Civil do Rio, que teoricamente pediu o apoio da PRF.

O anúncio sobre montar uma força-tarefa para enfrentar o crime organizado na Baixada Fluminense foi feito no dia 13 de outubro. Segundo o secretário da Polícia Civil à época, o então recém-empossado Allan Turnowski, a iniciativa buscava desarticular as fontes de financiamento das milícias e garantir um processo eleitoral sem interferências na região: "O que a gente está fazendo com a força-tarefa é agregar a essa nova visão delegacias especializadas que vão tratar do dinheiro da milícia. Vão combater a máfia das vans, construções irregulares",[18] ele declarou.

A operação em Itaguaí fazia parte dessa força-tarefa criada após dois assassinatos de pré-candidatos ocorridos em outubro de 2020, que estariam relacionados a uma disputa pelo comando de áreas no Rio.[19] Domingos Barbosa Cabral, o Domingão, era filiado ao Democratas (DEM) e Mauro da Rocha, ao Partido Trabalhista Cristão (PTC), que em 2022 passou a se chamar Agir. Ambos foram mortos no intervalo de menos de quinze dias, em Nova Iguaçu. Os dois já haviam sido presos por porte ilegal de armas e tinham histórias que se cruzavam nas urnas. Após a fusão com o Partido Social Liberal (PSL), em 2021, o DEM se transformou em União Brasil.

No ano eleitoral de 2020, o projeto de expansão de Ecko – líder da maior milícia do Rio até 2021 – entrou em conflito com uma dinâmica já estabelecida em Nova Iguaçu. As investigações da Delegacia de Homicídios da Baixada concluíram que a execução de Domingão representou o rompimento do acordo entre os paramilitares locais e a milícia de Ecko – um pacto que havia permitido a invasão e o controle da região, antes dominada por traficantes.

Essa aliança fora firmada em junho de 2019, quando o sargento da Polícia Militar André Barbosa Cabral, irmão de Domingão e chefe da milícia que controlava os bairros Valverde, Palhada e Cabuçu, em Nova Iguaçu, negociou com Ecko a expulsão dos traficantes que dominavam o crime na área. O controle dos irmãos sobre a região remontava aos anos 1990, período de expansão dos grupos de extermínio pela Baixada Fluminense. Em 2009, o sargento Cabral chegou a ser preso por integrar um desses esquadrões da morte.

Domingão foi morto no dia 10 de outubro de 2020, no bairro Cabuçu, o mais populoso de Nova Iguaçu. O candidato foi executado dentro de um bar por criminosos encapuzados, que dispararam várias vezes contra ele. Segundo a polícia, a ordem para o crime teria partido de Ecko. As operações policiais que chacinaram milicianos ocorreram em Nova Iguaçu no dia 14 de outubro e, em Itaguaí, no dia 15. Nesse período, André Barbosa Cabral estava preso – o militar havia sido detido em agosto, mas foi liberado em dezembro do mesmo ano.

A história do crime na cidade de Nova Iguaçu, uma das principais da Baixada Fluminense, tem 2008 como um ano-chave. A partir da implementação das Unidades de Polícia Pacificadora (UPP), programa de segurança do governo do estado do Rio que ocupou comunidades e favelas cariocas, traficantes foram forçados a sair da capital, e Nova Iguaçu tornou-se um de seus destinos. Com essa movimentação, os irmãos Cabral perderam parte de seus territórios históricos. O domínio do tráfico na cidade da Baixada Fluminense duraria até junho de 2019, quando Ecko e o sargento André Barbosa Cabral firmaram o pacto que mudou o equilíbrio de forças na região. Mais de cem homens, em cinco municípios vizinhos, invadiram seis favelas de Nova Iguaçu, retomando o controle perdido anos antes. A aliança permitiu que os irmãos Cabral voltassem a comandar o território, agora dividindo os lucros com Ecko.

Não durou muito. Passado um ano do pacto, Cabral foi preso e, da cadeia, tentou renegociar os termos do acordo, alegando queda na "arrecadação" e propondo reduzir o percentual dos repasses. Ecko não aceitou. O racha entre os dois foi imediato, e Cabral ainda estava atrás das grades quando a batalha começou nas ruas. Três meses depois, Domingão pagaria o preço pelo rompimento.

Na busca das informações sobre a operação de 2020 em Nova Iguaçu, uma fonte na Polícia Federal (PF) me deu uma dica: seria interessante solicitar os dados à PRF, por meio da Lei de Acesso à Informação. Então, encaminhei dois pedidos. O primeiro solicitava à PRF o ofício de requisição de policiais para atuar junto à Polícia Civil; o segundo, à PF, pedia informações sobre as operações realizadas na força-tarefa das eleições de 2020 no Rio de Janeiro: número do inquérito, data de abertura, crimes investigados, estágio do inquérito, nomes dos envolvidos e conteúdo do processo.

A resposta da PRF foi simples: "Não foi localizada nenhuma operação, tampouco ofício solicitando apoio à Polícia Civil."[20] Já a PF negou os pedidos de informação, alegando sigilo e proteção aos "direitos fundamentais de resguardo à honra, intimidade e preservação da imagem das pessoas envolvidas nos inquéritos policiais".[21] Eles estavam parcialmente corretos, mas meu intuito era fazer um pedido mais amplo para entender até onde iriam. Foi preciso recorrer da negativa de resposta duas vezes.

Pontuei que não precisava dos nomes dos envolvidos nem do conteúdo dos inquéritos protegidos pelo sigilo, mas reiterava meu pedido sobre os demais dados. Sabia que havia o risco da negativa das informações integrais, mas o não eu já tinha. Insisti, portanto, que me enviassem o número dos inquéritos abertos durante a força-tarefa das eleições de 2020, a data da abertura e a lista dos crimes investigados em tais procedimentos. Perguntei ainda em que pé estavam.

Foi preciso recorrer até a instância máxima e insistir que, resguardada a parte do sigilo, eu tinha o direito, como cidadã, de ter acesso a essas informações. Depois de o pedido passar pelo diretor-geral da PF, a decisão favorável à minha solicitação veio assinada pelo ministro de Estado da Justiça e Segurança Pública, Ricardo Lewandowski. A ordem era que a PF me respondesse. E assim o fizeram.

Após dois meses, enviaram-me o arquivo "captura de tela 2024-11-07 101004", por meio do qual informavam que fora aberto um único inquérito na PF no âmbito da operação contra a interferência da milícia nas eleições de 2020 e ele já estava arquivado. O inquérito investigava os crimes de formação de organização criminosa, lavagem de dinheiro e crime eleitoral – especificamente coação de eleitores e declarações falsas para fins eleitorais – e não era referente à operação em Itaguaí.

Por meio de uma averiguação com duas fontes da PF, descobri que não foi aberto nenhum inquérito sobre a operação de 15 de outubro de 2020, o que causa certa surpresa, já que, dez dias após essa operação, a PRF convocou

Quantidade de Inquéritos	Tipos Penais	Estágio
01 (um)	Artigo 02º da Lei 12.850/2013; Artigo 01º da lei 9.613/1998; Artigos 301 e 350 da lei 4.737/1965	Inquérito Policial Arquivado

Resposta da Polícia Federal com a informação sobre operações dentro da força tarefa das eleições 2020. O documento veio nomeado como "captura de tela 2024-11-07 101004".

policiais para dar suporte às suas unidades operacionais. Essa informação consta em um documento sigiloso que obtive, assinado pelo então chefe do Serviço de Inteligência da PRF, Thompson Thomazi, e por Silvinei Vasques, à época superintendente no Rio de Janeiro.

A convocação foi feita porque havia sido identificada uma "ameaça miliciana" logo após a operação conjunta com a Core, o que seria uma retaliação à ação que "logrou êxito em interceptar milicianos que tencionavam expandir suas atividades criminosas da Baixada Fluminense para a Costa Verde". Esse apoio seria dado por mais agentes, que foram tirados de suas folgas e convocados para auxiliar no patrulhamento e conter qualquer tentativa de ameaça contra unidades da PRF. Uma "demanda extraordinária". Aqui é importante explicar: a polícia pode instaurar um inquérito, mas não tem a autoridade para encerrá-lo ou arquivá-lo. Ou seja, se um inquérito for aberto, ele invariavelmente vai parar nas mãos do Ministério Público (MP) regional ou do Ministério Público Federal (MPF), que têm a prerrogativa de tomar a decisão de arquivar o inquérito. Em caso de alguma irregularidade ou ação suspeita, o que as polícias podem fazer é simplesmente não abrir o inquérito, já que o MP e o MPF quase sempre atuam quando são provocados, quando recebem material para analisar. E, frise-se, somente esses órgãos podem arquivar inquéritos.

MINISTÉRIO DA JUSTIÇA E SEGURANÇA PÚBLICA
POLÍCIA RODOVIÁRIA FEDERAL
SUPERINTENDÊNCIA DA POLÍCIA RODOVIÁRIA FEDERAL NO RIO DE JANEIRO

ORDEM DE SERVIÇO N° 63/2020/SEINT-RJ/SPRF-RJ

O **SUPERINTENDENTE DA POLÍCIA RODOVIÁRIA FEDERAL NO ESTADO DO RIO DE JANEIRO**, usando das atribuições que lhe são conferidas pelo artigo 118 do Regimento Interno da Polícia Rodoviária Federal, aprovado pela Portaria n° 224, de 5 de dezembro de 2018, publicada no DOU n° 234, de 6 de dezembro de 2018, do senhor Ministro de Estado da Segurança Pública.

CONSIDERANDO o disposto no Regulamento R-005, SEI 20473949, que regulamentou a utilização da Indenização por Flexibilização Voluntária do Repouso Remunerado - IFR no âmbito do DPRF.

CONSIDERANDO a Ordem de Serviço n° 330/2019/SEOP-RJ/SPRF-RJ, SEI 23479165, que delega competência para convocação de efetivo extraordinário com IFR.

CONSIDERANDO a Portaria n° 97/2020/DG - Medidas Emergenciais SEI 24999964 que estabelece as diretrizes para gerenciamento dos eventos e estabelece medidas de proteção para o enfrentamento da emergência de saúde pública de importância internacional, decorrente da pandemia do coronavírus COVID-19, no âmbito da Polícia Rodoviária Federal (PRF);

CONSIDERANDO o Ofício-Circular n° 11/2020/SEOP-RJ/SPRF-RJ, SEI 25053974, que dispõe sobre o emprego do efetivo extraordinário mediante IFR durante o enfrentamento da emergência de saúde pública decorrente da pandemia do coronavírus COVID-19;

RESOLVE expedir a presente Ordem de Serviço que dispõe sobre a convocação de policiais para desenvolver Atividades de Análise e Operação de Inteligência, na denominada **OPERAÇÃO COALIZÃO**, cujo objetivo principal é dar suporte às UOPs da Polícia Rodoviária Federal por conta da ameaça miliciana identificada após uma ação conjunta entre a PRF e a CORE, no dia 15 de outubro de 2020, que logrou êxito em interceptar milicianos que tencionavam expandir suas atividades criminosas da Baixada Fluminense para a Costa Verde.

1. **OBJETIVO**: Convocar mediante o pagamento de Indenização por Flexibilização Voluntária do Repouso Remunerado (IFR) para atender **demanda extraordinária**, no Estado do Rio de Janeiro.

2. **TIPO DE OPERAÇÃO POLICIAL:**
2.1. De inteligência, em apoio ou suporte às ações relacionadas:
  - Enfrentamento à criminalidade;
  - Emergenciais de grande relevância;
  - De defesa social determinadas pelo Governo Federal;
  - Operações de inteligência;
  - Apoio a outros órgãos da administração pública;
  - Ampliação da capacidade de governança nos centros de comando e controle;
  - Segurança de autoridades/dignitários
  - Demandas inopinadas inerentes ao COVID-19.

3. **LOCAL DE EXECUÇÃO**: Rodovias Federais do Estado do Rio de Janeiro ou unidades operacionais da PRF.
4. **PERÍODO**:

01/11/2020 das 07h00 às 19h00;
01/11/2020 das 19h00 às 07h00;
02/11/2020 das 07h00 às 19h00;
02/11/2020 das 19h00 às 07h00;
03/11/2020 das 19h00 às 07h00;
04/11/2020 das 19h00 às 07h00;
05/11/2020 das 19h00 às 07h00;
06/11/2020 das 19h00 às 07h00;
07/11/2020 das 07h00 às 19h00;
07/11/2020 das 19h00 às 07h00;
08/11/2020 das 07h00 às 19h00;
08/11/2020 das 19h00 às 07h00;
09/11/2020 das 19h00 às 07h00;

Documento interno da PRF, convocando reforço a unidades policiais sob "ameaça miliciana".

E foi exatamente o que aconteceu. Sete meses depois da operação, em maio de 2021, a Polícia Civil finalizou seu inquérito. No relatório, a conclusão era categórica: não havia dúvidas de que os policiais civis e federais agiram em legítima defesa. O documento, registrado sob o número

861-01065/2020, foi enviado ao Ministério Público, que decidiu arquivar o caso.

Ao acatar as conclusões do relatório, o Ministério Público reforçou que os "óbitos decorrentes do confronto foram, todos eles, fruto de condutas amparadas pela legítima defesa própria e de terceiros por parte dos agentes policiais". Destacou ainda que, diante dos "inúmeros subsídios carreados aos autos desta investigação, nada há que aponte conduta ilícita, nem por eventual excesso em causa justificante, por parte dos policiais civis e rodoviários federais que atuaram na diligência".

O promotor responsável pelo caso citou as investigações da Operação *Freedom* conduzidas pelo próprio MPRJ, para embasar a decisão. Segundo ele, os doze mortos na operação estavam "implicados em uma série de processos penais por ações de afronta e confronto ao Estado de Direito, apontados como os atuais arautos maiores das atividades criminosas rotineiras da Orcrim [abreviação de organização criminosa] a que integravam nesta Comarca".

Para sustentar a tese de legítima defesa, o Ministério Público destacou "as dezenas de depoimentos colhidos", o "cenário evidenciado por registros fotográficos e pelo laudo de local" e o "risco real para os policiais". Na visão do MPRJ, esses elementos justificavam "a reação de defesa que, na penumbra e pela multiplicidade de agentes hostis e de armas de grosso calibre empregadas, não tinha como se exigir mais comedida ou menos letal do que se viu".

Ao concluir a decisão pelo arquivamento, em maio de 2021, o promotor defendeu que a operação foi bem planejada e executada. Segundo ele, a alta letalidade da ação "decorreu da ousadia e insensatez das próprias vítimas; mal-acostumadas que estavam de mandar e acontecer na localidade

Mapas da cidade do Rio de Janeiro, da Zona Oeste e da cidade de Itaguaí

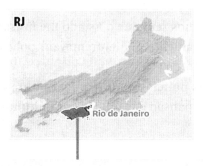

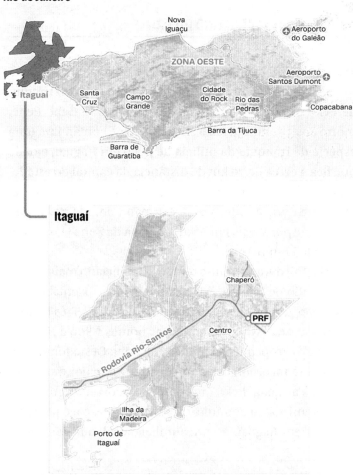

já há alguns anos sem que o Estado lhe fizesse frente e supondo erroneamente que enfrentavam policiamento rotineiro, reduzido, da PRF".

A ação das polícias pode explicar muita coisa sobre a atuação e a expansão das milícias nos últimos anos. A inação também.

MUDANÇAS NO TABULEIRO DO CRIME

Aquela não foi apenas uma operação policial. Os vários tiros disparados na noite de 15 de outubro de 2020 tiraram de Ecko um de seus homens de confiança: o Cabo Bené, morto aos 39 anos. Já fazia anos que Bené comandava uma espécie de franquia da milícia de Ecko em Itaguaí, cidade que fica a cerca de 70 km de distância da capital do estado, no caminho para as belíssimas praias da Costa Verde, região para onde a milícia tem se expandido. Ele havia sido um dos responsáveis por levar a milícia da Zona Oeste para a Baixada Fluminense.

Ecko foi, durante muito tempo, "o miliciano mais procurado do Rio de Janeiro".[22] O posto era antes ostentado pelo seu irmão, Carlos Alexandre Braga, o Carlinhos Três Pontes, morto em 2017. Guardemos esses nomes.* Sob a liderança de Ecko, as pequenas milícias da Zona Oeste foram gradualmente incorporadas a uma estrutura maior, mais forte e mais armada. Ecko impôs um acordo: ou os grupos se submetiam ao seu domínio, ou não haveria espaço para permanecer em Itaguaí. Assim, a milícia local, que controlava

---

* Veja na p. 45 a genealogia dos grupos milicianos e suas lideranças.

bairros como Coroa Grande, Itimirim, Leandro e Mazomba, foi anexada ao seu império.

Itaguaí, uma cidade que surgiu em meio a conflitos entre indígenas e jesuítas no século XVII, tornou-se, na atualidade, devido à sua localização estratégica, um território disputado por milicianos e traficantes. O Porto de Itaguaí, entre a Mata Atlântica e a baía de Sepetiba, é um dos maiores e mais modernos da América Latina, além de ser o número um na preferência tanto de milicianos quanto de traficantes do Primeiro Comando da Capital (PCC), a maior e mais poderosa organização criminosa do país. Não por acaso, o Porto de Itaguaí se destaca como líder nas apreensões de carga no Brasil, seja contrabando ou tráfico.

Em 2024, o porto movimentou 24 milhões de toneladas de carga, sendo um dos maiores polos de exportação de minério do Brasil e o maior ponto de carga de todo o Mercosul, o bloco econômico que inclui Brasil, Argentina, Uruguai, Paraguai e Bolívia, além de seis países associados. Esse peso econômico torna a região estratégica não apenas para o Mercosul, mas também para traficantes e milicianos, atentos à sua importância.

O Porto de Itaguaí tem uma localização estratégica vital: é o último ponto de atracação ao sul do Brasil antes da Serra do Mar, que se estende até Santa Catarina. A posição facilita a distribuição de cargas para o interior, enquanto sua proximidade com o parque siderúrgico e o acesso às redes rodoviária e ferroviária fazem dele um verdadeiro sonho logístico. A combinação geográfica, política e econômica coloca o porto como peça-chave na logística nacional, tanto legal quanto ilegal.

A morte dos doze milicianos de Itaguaí, em uma única ação, marcou o início de uma nova rodada de mudanças na estrutura das milícias da região e, consequentemente, no Rio de Janeiro. A rota que partia da BR-101, utilizada havia anos pelo grupo de Bené, foi interrompida de maneira surpreendente, levantando suspeitas de que informações teriam sido repassadas aos policiais, como acreditava Luís Antônio da Silva Braga, o Zinho, irmão de Ecko e responsável pela contabilidade e lavagem de dinheiro do grupo. Zinho tinha desconfianças a respeito da fidelidade de Tandera, braço direito de Ecko e encarregado da expansão da milícia, incluindo a de Itaguaí.

Depois daquele 15 de outubro, as coisas ficaram ainda mais estremecidas entre Zinho e Tandera. Após a morte de Ecko, oito meses mais tarde, em junho de 2021, eles romperiam definitivamente. Cada um seguiu para um lado. Zinho ficou com uma parte da herança do irmão, e Tandera montou seu próprio bonde para disputar as áreas da Zona Oeste e da Baixada que antes eram de uma só milícia.

Breno,* que colaborou com o setor de inteligência da PMERJ durante anos, me confidenciou, entre um café e outro, que Ecko chegou a convidar Tandera para uma reunião. Isso de chamar para reunião é manjado como um ultimato. É meio que uma viagem sem volta. Tandera não foi. Ecko tinha a desculpa de lhe pedir que levasse alguns fuzis. Tandera se manteve distante e mandou um "vem buscar". Ecko também não foi.

Com o racha,[23] Zinho assumiu os bairros da Zona Oeste, como Campo Grande, Santa Cruz, Cosmos, Inhoaíba e Paciência, além de algumas regiões da Baixada Fluminense. Já o grupo de Tandera ficou com Seropédica e Itaguaí, na Região Metropolitana, e com alguns pontos da Baixada, como a comunidade K-32, e o bairro da Alvorada, em Nova Iguaçu.

Tandera sempre foi parecido com Ecko no estilo bélico e na brutalidade com que atua na expansão de seus negócios.

Zinho é visto como alguém mais estrategista e inteligente, a ponto de entender que toda a sua linhagem estava sendo morta pela polícia e a maneira de se manter vivo era se entregar – o que fez na véspera do Natal de 2023.[24]

Ele percebeu que estava com a cabeça a prêmio durante os meses que separavam a morte de Ecko, em meados de 2021, e do sobrinho Faustão, apelido de Matheus da Silva Rezende, o número dois na hierarquia da milícia da região, executado em 23 de outubro de 2023. Faustão foi morto em uma operação da Core na comunidade Três Pontes, onde começou o reinado da família, com seu tio, Carlinhos Três Pontes, ainda em 2014.

Aqui, vale nos determos nesses nomes para entender a genealogia da milícia, que sai de Liga da Justiça para Bonde do Ecko em pouco mais de três décadas. A Liga da Justiça – a maior e mais famosa das milícias do país – foi criada, na Zona Oeste do Rio, pelos irmãos Jerônimo Guimarães Filho, conhecido como Jerominho, e Natalino José Guimarães. Os dois eram policiais e políticos. A queda de Jerominho e Natalino, presos em 2007 e 2008, respectivamente, marcou o início de uma grande transformação no mundo das milícias do Rio de Janeiro. Até então, a chefia da Liga da Justiça era compartilhada por figuras de peso dentro da estrutura paramilitar, incluindo Ricardo Teixeira Cruz, conhecido como Batman, preso em 2009; Toni Ângelo de Souza Aguiar, o Toni Ângelo, capturado em 2013; e Marcos José de Lima, o Gão, detido em 2014. Todos eram ex-policiais militares e mantinham o controle absoluto do grupo.

    Foi nesse cenário de vacância de poder que Carlinhos Três Pontes, ex-traficante que havia conquistado prestígio dentro da milícia, assumiu a liderança. A mudança foi um divisor de águas: pela primeira vez, o comando da organização não estava diretamente vinculado à estrutura policial. A transição, no entanto, não foi pacífica. Os antigos líderes, presos, rejeitavam a ideia de um ex-traficante à frente do grupo. Três Pontes resolveu o impasse com sangue. Em menos de um mês, cinco chefes da milícia foram assassinados ou desapareceram sem deixar rastros. Com o caminho livre, ele deu início a um processo de expansão sem precedentes. Ao contrário da Liga da Justiça, que operava de maneira mais localizada na Zona Oeste, Três Pontes levou sua nova organização – agora chamada de A Firma – para a Baixada Fluminense, Itaguaí e Seropédica. Entre 2014 e 2017, fortaleceu a presença da milícia em diversas regiões e intensificou alianças com o tráfico de drogas, marcando uma ruptura com a antiga rivalidade entre os dois mundos.

No entanto, a trajetória de Carlinhos Três Pontes foi interrompida em 2017, quando ele foi morto durante uma operação da Polícia Civil, em Santa Cruz, bairro da Zona Oeste carioca. Seu posto foi rapidamente ocupado por Ecko, um de seus irmãos. Sob sua liderança, o grupo foi rebatizado de Bonde do Ecko, e o novo chefe implementou uma política agressiva de alianças com outras milícias. Com firmeza, Ecko consolidou o controle do grupo entre 2017 e 2021, expandindo sua influência para inúmeros bairros e municípios do Rio de Janeiro, sempre em confronto direto com o tráfico. Em junho de 2021, o líder teve o mesmo destino que seu antecessor: foi morto em uma operação policial.

A morte de Ecko abriu uma nova disputa pelo controle da milícia. O Bonde rachou, dando início a um conflito intenso entre os grupos liderados pelo irmão de Ecko, Zinho, e por seu antigo braço direito, Tandera. O resultado foi uma escalada de violência, com execuções e confrontos brutais, que tornou o domínio territorial da milícia ainda mais volátil e transformou o estado do Rio de Janeiro em um campo minado. As milícias quintuplicaram as áreas sob seu domínio na última década e meia.

Faustão não era apenas sobrinho de Zinho, ele desempenhava um papel central na estrutura da milícia. Morto pela Polícia Civil em 23 de outubro de 2023, aos 25 anos, Faustão vinha ganhando espaço dentro da organização e assumindo funções estratégicas.

Ao longo dos três meses anteriores à sua morte, foi peça-chave no fortalecimento dos laços entre a milícia e o Comando Vermelho. Seu principal contato nessa aproximação era Philip Motta Pereira, o Lesk, que acabou assassinado pela própria facção após se envolver na execução de três médicos na orla da Barra da Tijuca, um deles irmão da deputada Sâmia Bomfim (PSOL-SP), no início de outubro daquele mesmo ano.

Faustão era um nome de confiança dentro da milícia desde os tempos em que Ecko comandava a organização. Assim como o tio, gostava de exibir um fuzil AK-47 e participava ativamente das operações armadas do grupo. A relação de proximidade com Ecko era tanta, que foi ele o responsável por levá-lo ao esconderijo onde deveria se manter fora do radar da polícia – e onde foi capturado e, depois, morto.

Com Zinho no controle da organização, Faustão se tornou um dos principais operadores da milícia, se envolvendo em inúmeras disputas territoriais. Ele era investigado por participação direta em pelo menos vinte assassinatos de outros milicianos e também foi denunciado pelo planejamento da morte do ex-vereador Jerominho, em 2022.

Segundo o MPRJ, Faustão atuava como "chefe presencial" da organização, assumindo o comando direto nas comunidades dominadas, já que Zinho evitava ser visto nessas áreas. A decisão de eliminar Jerominho teria surgido com rumores de que o fundador da Liga da Justiça pretendia retomar o controle da milícia e, para isso, planejava assassinar Zinho. Dentro da organização, Faustão tinha autonomia para tomar decisões cruciais, desde a aquisição de armamentos até pagamentos e coordenação de ações criminosas.

A Polícia Federal também o identificava como uma das principais lideranças da quadrilha, apontando-o como sucessor natural de Zinho. As investigações mostraram que, embora Zinho fosse a última instância de poder dentro da milícia, Faustão era um dos poucos que tinha acesso direto a ele.

As movimentações internas da milícia indicavam que uma conspiração estava em andamento dentro do Complexo Penitenciário de Gericinó, onde líderes históricos do grupo, como André Malvar, Luciano Guinâncio Guimarães e Júlio César Ferraz de Oliveira, o Passarinho, mantinham contato com Jerominho e seu irmão, Natalino. Segundo a Polícia Federal, Rodrigo dos Santos, o Latrell, e Faustão conversavam sobre o plano da "velha guarda" para eliminar Zinho, mostrando que as disputas internas dentro da milícia estavam longe de acabar. Mais uma vez, guarde esses nomes. Esse racha impactou também o sistema penitenciário do Rio. A penitenciária Bandeira Stampa, em Bangu, começou a ser o destino dos milicianos, que passaram a ficar em uma ala separada dos demais presos.

Depois de tantas baixas na família, a morte de Faustão foi um marco na cidade do Rio de Janeiro – provocando um verdadeiro caos, até para os padrões com os quais a cidade está acostumada. 23 de outubro de 2023: o dia em que mais se queimou ônibus no Rio de Janeiro. Foram 35, alguns deles ainda com passageiros. Carros de passeio foram incendiados em nove bairros. Um caminhão foi posicionado na avenida Brasil, bloqueando as quatro pistas que seguem na direção de Santa Cruz, um dos quartéis-generais da milícia. Quarenta e cinco escolas foram fechadas aquele dia.

As cenas ganharam matérias especiais nos jornais da noite, e a cúpula da segurança do Rio de Janeiro precisou explicar o inexplicável. A ausência de policiais nos bairros onde carros e ônibus estavam em chamas foi notada pela grande imprensa. O governador Cláudio Castro, reeleito em 2022 pelo Partido Liberal (PL), ao lado de Marcus Amim, o delegado influencer que ocupava o cargo de secretário de Polícia Civil, chamaram os atos de terrorismo. A verdade é que a situação estava fora de controle diante da fragilidade de um governo sem projeto de segurança pública.

Castro assumiu o governo do estado do Rio em agosto de 2020, após o afastamento de Wilson Witzel, de quem era vice. Witzel chegou ao cargo impulsionado pelo bolsonarismo. Sem projeção política antes da campanha, foi alçado como candidato com o apoio da família Bolsonaro, especialmente do senador Flávio Bolsonaro, que via nele um aliado no discurso de combate ao crime e à corrupção. No entanto, ao assumir o governo e tentar trilhar um caminho político próprio, Witzel rompeu com Bolsonaro e passou rapidamente de aliado a adversário. O embate resultou em seu isolamento e, posteriormente, em sua destituição do cargo, a partir de um impeachment por corrupção.

Cláudio Castro, eleito efetivamente em 2022, governa o Rio de Janeiro, mas não comanda de fato. Cada vez mais refém de sua base aliada na Assembleia Legislativa do Estado do Rio de Janeiro (Alerj), ele cede espaço ao grupo apelidado de "novo cangaço", ala radical que exerce forte influência sobre o governo, especialmente na área da segurança pública. Formado por parlamentares ligados a setores mais radicais das forças policiais, o grupo é liderado pelo presidente da Alerj, Rodrigo Bacellar (PL), e seus pares, e age para garantir que a política de segurança do estado esteja alinhada com seus interesses.[25]

A MORTE DE FAUSTÃO E O VELHO INIMIGO Nº 1

Castro tentou explicar como uma operação pontual, para prender um miliciano, colocou seu governo de joelhos e deixou em chamas uma região do estado onde vive mais de 1 milhão de pessoas. Isso ocorreu em meio à repercussão do terrível assassinato à queima-roupa de três médicos na Barra da Tijuca, no início de outubro de 2023. A Polícia Civil suspeitava de que o crime ocorrera devido a uma trágica confusão de identidade: o ortopedista Perseu Ribeiro Almeida, uma das vítimas, teria sido confundido com Taillon Barbosa, um miliciano da região.

Diante da situação fora de controle, a saída mais barata – e talvez a única – que Castro encontrou foi ressuscitar a "política do inimigo público número um", abandonada pelo ex-secretário de Segurança José Mariano Beltrame. Como bem observou à época o jornalista Octavio Guedes em sua coluna no G1: "sem qualquer plano, visão estratégica ou política estruturante para apresentar, o governador apelou para bravatas".[26] Sua análise expôs uma realidade negligenciada: o Rio de Janeiro não tinha um plano de segurança.

A GENEALOGIA DAS MILÍCIAS

○ Ativos   # Presos   † Falecidos

Raízes
Milton Le Cocq e **Sivuca** estabeleceram as bases do modelo de "justiceiros" que inspirou grupos de extermínio e milícias futuras

Primeira Geração
Primeira milícia após o Esquadrão da Morte, a Liga da Justiça foi fundada pelos irmãos **Jerominho** e **Natalino**. Com suas prisões em 2007-2008, milícias se fragmentaram

Segunda Geração
Ao trair os fundadores da Liga da Justiça, **Carlinhos Três Pontes** assumiu o controle, sendo o primeiro civil (e ex-traficante) a controlar a milícia

Terceira Geração
Com a morte de **Carlinhos Três Pontes** em 2017, seu irmão **Ecko** assume e expande o domínio das milícias com modelo de "franquias"

Quarta Geração
Após a morte de **Ecko** em 2021, seu irmão **Zinho**, responsável pela lavagem de dinheiro do Bonde, assume parte dos territórios da Zona Oeste. Zinho disputa com **Tandera** o espólio do Bonde do Ecko. Após a morte de **Faustão**, em 2023, **Zinho** se entrega à PF.

Quinta Geração
Com a prisão de **Zinho**, **Pipito** assume. **Pipito** é morto e **Naval** assume o que sobrou do **Bonde** do **Ecko** sob **Zinho**.

Naquele momento crítico, escrevi uma coluna no *Intercept Brasil* em que buscava resumir a situação pela qual o Rio estava passando.

A Secretaria de Segurança do Rio foi extinta e deu lugar às secretarias de Polícia Civil e de Polícia Militar, o STF precisou interferir e cobrar um plano de controle de letalidade policial, uma vez que as duas maiores chacinas já cometidas no estado aconteceram durante operações policiais na gestão de Cláudio Castro. O ex-secretário de Polícia Civil de Castro, Allan Turnowski, deve ser afastado de funções públicas por doze anos a pedido do MP. Ele perdeu o cargo ao ser preso sob acusação de envolvimento com o jogo do bicho e de fazer parte de uma organização criminosa dentro da Polícia Civil e forjar operações. Detalhe: ele foi chefe de polícia entre 2010 e 2011 – e foi afastado sob a acusação de vazar operações.[27]

Minha coluna dialogava diretamente com o texto de Guedes, que foi incisivo e direto como raramente se vê na imprensa comercial, especialmente na aberta. Ao afirmar que a "política do inimigo público número um" é a estratégia perfeita para governadores incompetentes – pois elimina a necessidade de apresentar um plano real de combate ao crime organizado –, Guedes expôs a tática de Castro.

Nas palavras do jornalista, essa política transforma o governador no "autodeclarado bem", permitindo-lhe fugir de explicações sobre seus fracassos: por que extinguiu a Secretaria de Segurança Pública, por que resiste à criação de uma corregedoria unificada, forte e independente, por que assiste, inerte, às humilhantes operações da Polícia Federal, que levam policiais corruptos para trás das grades, por que seu secretário de Polícia Civil foi preso por ligações com a máfia

do jogo do bicho, por que seu secretário de Assuntos Penitenciários foi flagrado negociando uma trégua com uma facção criminosa, por que entregou o comando da Polícia Civil a deputados de sua base eleitoral, entre outros.
Todo esse pandemônio seguiria em 2024.

"Vem se arrastando, Leila!", é possível ouvir em um vídeo gravado por uma mulher, quando estava deitada no chão de uma loja de sapatos. Ela tentava se proteger de um tiroteio que acontecia à luz do dia, no centro de Seropédica, cidade da Baixada Fluminense comandada por Tandera. Era mais um em semanas. Os tiroteios eram parte da disputa entre milicianos que assombrava a cidade grande com cara de interior, sede da Universidade Federal Rural do Rio de Janeiro (UFRRJ). Um aluno do campus foi morto naquele 10 de março.

Atualmente, três grupos de milicianos disputam o controle da BR-465, antiga rodovia Rio-São Paulo, que conecta a avenida Brasil a Seropédica, atravessando Nova Iguaçu. A disputa que começou com o racha em 2020, após a morte dos doze milicianos, segue em curso. E todos esses nomes permaneceriam nos noticiários, nas redes sociais e na boca do povo por meses a fio.

A GEOGRAFIA DE BENÉ

Analisando toda a documentação sobre a vida de Bené, os endereços onde morou e trabalhou como homem forte de Ecko, como viveu e morreu, foi possível entender que a vida dele se resumiu majoritariamente à Zona Oeste, mais especificamente a um perímetro de cerca de 45 km².

Era início de janeiro de 2025 quando fui, com o motorista Pablo,* refazer as rotas por onde Bené transitava, muitas delas citadas nas investigações da Operação *Freedom*, conduzida pelo Grupo de Atuação Especial de Combate ao Crime Organizado (Gaeco) do MPRJ, o Gaeco, e iniciada em meados de 2018. Essa operação, que identificou e indiciou os principais líderes da milícia que estavam sob comando de Ecko, resultou em denúncias contra dezenas de envolvidos com a milícia em Itaguaí, entre eles Bené, revelando a forte influência dos milicianos na região. Ficou claro ali um esquema complexo que envolvia crimes como extorsão, assassinatos, controle de atividades econômicas ilegais, e até mesmo a cooptação de órgãos públicos.

A operação começou como um inquérito, que resultou em um processo, e recebeu um nome. Inicialmente, ela não se chamava *Freedom*. No começo, foi batizada de Braço Forte. O objetivo era entender por que a Polícia Militar se mantinha inerte, ignorando deliberadamente as atividades criminosas de seus colegas de farda. Com o avanço das investigações, em meio à intervenção militar do Exército na segurança do Rio, um delegado sugeriu a mudança do nome e, assim, a operação passou a se chamar *Freedom* – "para evitar desconfortos" com as Forças Armadas, cujo lema é "braço forte, mão amiga". Poderia parecer uma indireta.

A operação foi extremamente importante para mapear quem eram os milicianos, quais as suas conexões e o seu poderio. E, para entender tudo isso, era preciso conhecer a geografia da Zona Oeste, que não é tão óbvia assim.

Pablo é motorista de táxi há décadas. Safo, conhece a geografia do Rio de Janeiro como poucos. Ele é capaz de andar pela cidade pontuando o que aconteceu, quando, entre quem e o que mudou na região depois de um bote – termo usado quando a área muda de dono e passa a ser gerida por uma nova facção ou milícia. Como taxista, ele não apenas acompanhou o avanço das milícias pelos bairros onde roda, como se livrou por muito pouco de fazer parte de uma – não por livre escolha.

"Olha, eu não sou bobo, nunca fui. Quando um PM entrou no meu táxi, fardado, depois de descer de uma viatura, a primeira coisa que pensei foi: 'Por que ele tá indo de táxi?' Mas o que eu ia fazer? Questionar um policial fardado? Eu era só um taxista. Então, segui dirigindo."

Pablo não tinha ideia do que estaria por vir.

"Quando a gente chegou ali perto do trenzinho do Corcovado, um pouquinho mais à frente, tem uma rodoviariazinha, antes do largo do Boticário." Ele foi contando a história, que a cada segundo ficava mais e mais inacreditável.

"Não sei se você já reparou. Foi ali que ele me mandou parar. Disse: 'Eu vou ficar aqui. Sobe essa rua, e uma pessoa vai te entregar um envelope.' A rua era na favela do Cerro-Corá. Eu já pensei: 'Caramba, o que tá rolando aqui?'"

Ele não tinha escolha. Pegou o envelope – obviamente sabia o que era – e entregou para o PM.

Segui em frente. Tocamos para a Pedro Américo, ali perto de Santo Amaro, sabe onde é? No Catete. Ele subiu comigo. A rua era estreita, e a gente foi parar lá em cima, onde já sai em Santa Teresa. Quando a gente chegou ao ponto, o cara apareceu e entregou o envelope diretamente na mão do PM, bem na minha frente.

Mais um acerto na conta da diária.

"A corrida dava uns R$ 20 naquela época, mas o PM me entregou R$ 80 e falou: 'Esta corrida aqui a gente faz toda semana. Você tem telefone?'". Ele tinha, mas, como era uma época em que quase ninguém tinha telefone, mentiu. "Pra ser sincero, odeio mentira, mas respondi: Não, não tenho." Ficou aliviado. A mentira colou, lá no início dos anos 2000. Hoje ficaria difícil Pablo se livrar do policial mineiro. Antigamente, esse era o nome dado a policiais que subiam os morros para "minerar" dinheiro e o que mais fosse possível – uma das características da milícia, como conhecemos hoje.

> "Imagina, eu pegando arrego de PM? Nem pensar. Mas aquilo ficou na minha cabeça. Naquela época, eu já fazia a leitura que mantenho até hoje: se isso acontece assim, tão escancarado, na Zona Sul, onde estão todos os holofotes, imagina na Baixada Fluminense ou na Zona Norte."

Ele não está errado – e não tem nenhuma esperança de que as coisas mudem. "Esquece! A corrupção tá em todos os níveis."

Quem acompanha os noticiários e consegue ligar A e B, fatalmente concorda com Pablo.

> A gente sabe que tem policial alugando até caveirão pra milícia invadir outras favelas. É uma pena, porque também conhecemos o risco que esses policiais enfrentam. Mas sabe o que me incomoda? Qual foi a última vez que você viu a PM apresentar dinheiro apreendido numa operação? Eu, sinceramente, não lembro. E olha que isso nem seria algo tão difícil de questionar, né? Anota essa aí, porque é um ponto importante. Eles não apresentam mais, e ninguém parece notar.

Mais uma vez, Pablo não está errado.[28]

> Ao mesmo tempo, fico pensando: e o jornalista que denuncia tudo isso? Que escreve matérias sobre milícia, por exemplo? Esse cara não consegue mais viver aqui. Vai ter que meter o pé, ir pra Europa ou pra qualquer outro lugar, porque é impossível seguir no Brasil, com tudo tão descarado.

Essa dúvida dele me pegou, não somente porque sou jornalista e a gente estava se dirigindo para a boca do leão, o berço das milícias, mas também porque eu nunca me esqueci do que li sobre o que os jornalistas de *O Dia* passaram nas mãos de milicianos em 2008.[29] Esse crime, ao qual voltaremos mais à frente, mudou o modo como nós fazemos jornalismo – e também como a sociedade se relacionava com as milícias, até então muito benquistas.

* * *

Quem sai do posto seis de Copacabana, um dos cartões-postais do Rio, leva cerca de uma hora para alcançar a rua Trinta, no conjunto Manguariba, em Paciência, na Zona Oeste – isso se o trânsito estiver fluindo. Em dias movimentados, o trajeto pode se arrastar por mais de três horas. Para evitar contratempos, saímos antes do amanhecer e, antes das 7h, já havíamos cruzado boa parte da cidade.

Manguariba era nosso ponto de referência. O lugar apontado como o primeiro endereço de Bené. Mas era preciso cruzar várias rotas. Foi aí que pude contar com a experiência de Pablo na pista. "Seguindo os endereços que você me mandou, montei um roteiro a partir da Via Light, no quilômetro 32, cruzando a estrada de Madureira, em Nova

53

Iguaçu. Essa região, que já conhecia de tempos atrás, chamou minha atenção pelo crescimento expressivo. São vários novos condomínios residenciais, muitos em construção."

Era impossível não notar. Somente na estrada de Madureira vimos cinco novos condomínios recém-acabados, ou em fase de finalização, ou com o anúncio de que estavam para ser lançados. Há muito espaço ali para construir e ocupar. A área aparenta tranquilidade, sem sinais visíveis de insegurança. Ao longo dos cerca de 20 km percorridos, desde a Via Light até Campo Grande, não cruzamos com uma única viatura policial. Também não vimos qualquer arma. Apenas avistamos um destacamento da PM próximo à antiga rodovia Rio-São Paulo, já chegando a Campo Grande, mas nada de patrulhamento de rua. Ouvi de um PM que "a cidade de Nova Iguaçu tem menos viatura que a Zona Sul do Rio. Mas quem se importa? Se a gente quiser tirar viatura de Nova Iguaçu, consegue. O contrário, de jeito nenhum".

Seguimos em direção ao conjunto Manguariba, localizado atrás do Salão de Assembleias das Testemunhas de Jeová, na avenida Brasil. Fato é que saímos dali por volta das 9h da manhã e, horas depois, houve um ataque contra Jackson Douglas de Araújo do Amaral, o PQD,[30] um dos milicianos de Santa Cruz, em uma rua próxima de onde estávamos.[31]

Para quem não é uma pessoa conhecida no local, adentrar uma área em disputa entre milicianos rivais representa um grande risco. Eu e Pablo pegamos a estrada de Manguariba e fomos apenas até a esquina da rua Nilton de Souza Filho com a rua Ana Clara Cruz, que, a partir de certa altura, muda de nome e vira a rua Trinta, onde morou Bené.

Para chegar até ali, passamos pela escola Espaço de Desenvolvimento Infantil Professora Raquel Kelly Lanera, na entrada da Estrada de Manguariba, pertinho do centro de distribuição do supermercado Guanabara. Na grade da escola, estava pendurada uma grande faixa assinada por Lucia Helena de Amaral Pinto, a Lucinha, e Júnior da Lucinha, respectivamente deputada federal e vereador da cidade do Rio, desejando feliz Natal e feliz Ano-Novo aos moradores.

Júnior, que ocupava o cargo de secretário municipal de Envelhecimento Saudável e Qualidade de Vida na segunda gestão de Eduardo Paes (2021-2024), até se licenciar para disputar a reeleição como vereador, é, como evidencia seu nome político, filho de Lucinha, acusada de envolvimento e articulação política em benefício da milícia liderada por Zinho, irmão e herdeiro de Ecko. Apesar de ter sido denunciada pelo MPRJ, em junho de 2024, a investigação contra a parlamentar foi arquivada pelo Conselho de Ética da Alerj. Segundo as investigações, Lucinha era considerada uma "madrinha" pelos integrantes da milícia e braço político da quadrilha liderada por Zinho, preso desde 2023.[32] Ela perdeu o mandato e foi condenada à prisão em 2023 por peculato, crime de subtração ou desvio de dinheiro público ou algo para proveito próprio ou alheio. Segundo o MP, um pedreiro pago pela Alerj trabalhava na casa da deputada, que recorre em liberdade.

A faixa de Lucinha e seu filho estava localizada na área que, em 2025, está sob o controle de Paulo David Guimarães Ferraz da Silva, o Naval. Esse miliciano assumiu, em junho de 2024, a liderança do que restou do Bonde do Ecko, a maior milícia do Rio. O Bonde passou a ser comandado por Zinho, irmão de Ecko, e parcialmente por Tandera, seu braço direito, após a morte do líder, em junho de 2021. Com a cabeça a prêmio, Zinho se entregou à Polícia Federal na véspera do Natal de 2023. Seu braço direito, Rui Paulo Gonçalves Estevão, o Pipito, assumiu os negócios até ser morto em junho de 2024, quando Naval tomou o comando. Em 2024, ele chefiava de perto a favela de Antares e a comunidade do Aço, ambas em Santa Cruz. Por isso, saber por onde se anda e até por onde se pode andar faz muita diferença.

Nossa segunda parada é Itaguaí. Estamos na avenida Ponte Preta, a via paralela à rodovia Rio-Santos, que, como vimos, era usada pelo bonde do Cabo Bené como rota alternativa para evitar o posto da PRF, que fica a pouco mais de quinhentos metros dali. A rua, cercada por um córrego e muitas casas sem reboco em meio a áreas descampadas, está constantemente tomada por caminhões, funcionando tanto como estacionamento quanto como passagem – é um dos acessos aos galpões do porto. Foi nesse local que Bené e outros onze milicianos perderam a vida.

Ao passar por ali, fica claro o quanto essa via foi crucial para a sobrevivência do bonde, ao oferecer uma rota discreta que os mantinha longe dos olhares atentos da PRF – a única força policial em que os milicianos do Bonde do Ecko não tinham informantes. Dominar territórios é um ponto-chave para as milícias. E conhecer os seus caminhos também.

Retornamos para a Rio-Santos e seguimos até o Porto de Itaguaí. A entrada do porto estava tranquila naquele horário, por volta das 9h, com poucos caminhões em circulação, embora alguns estivessem estacionados na área. Nesse trajeto, fica evidente sua importância estratégica, que conta com acesso fácil a vias de grande circulação – uma vantagem crucial para o escoamento de mercadorias.

Seguimos em direção ao centro de Itaguaí. Como em muitas cidades do interior, os principais edifícios da administração pública local estão concentrados na mesma rua, a General Bocaiúva. Lado a lado, estão a 50ª Delegacia de Polícia Civil, o Fórum, o Tribunal Regional do Trabalho, a Defensoria Pública, uma agência dos Correios, o hospital municipal, a Prefeitura e as secretarias municipais. Do outro lado da rua, encontra-se a sede da 23ª Subseção da Ordem dos Advogados do Brasil, a OAB Itaguaí. Embora essa área concentre as maiores autoridades da cidade, não era incomum ver homens armados circulando por ali.

Pegamos a estrada de Chaperó em seguida, uma área tranquila, com características mais rurais. Muito verde, fazendas com alguns cavalos e vacas magras. O horizonte limpo. Notamos algumas carretas estacionadas e outras circulando pelo bairro pobre, sem, mais uma vez, avistar qualquer patrulhamento policial. Para chegar a Chaperó, um dos núcleos centrais da milícia de Itaguaí, passamos pela rua Maria de Sá, no bairro Estrela do Céu. Na volta, passamos pela estrada do Campinho, seguindo pela estrada Santa Maria até a rua São Magno, em Campo Grande, nosso destino final. Ali, avistamos uma casa com mato alto, entulho na porta e muro no cimento. Nele estava escrito "lidera grupo de extermínio".

Aparentemente tranquilo, o local escondia um detalhe: um aviso silencioso de que ali as regras eram diferentes. A calmaria contrastava com as festas que Bené promovia quase todos os fins de semana, geralmente na rua 23, nos fundos do bairro – um ponto estratégico para os milicianos. Chaperó era uma área de sombra, onde celulares e rádios falhavam. Quando acionada, a Polícia Militar alegava que não poderia intervir, justificando que, em caso de confronto, as equipes não conseguiriam se comunicar com a base nem pedir reforço. No entanto, depois de ouvir dezenas de depoimentos e analisar registros, ficou claro que nunca houve risco real de enfrentamento. A polícia não precisaria pedir reforço. Ali, estava entre amigos.

Nossa última parada foi a rua São Magno, em Campo Grande. Curta, ela fica entre duas estradas de grande circulação e com comércio intenso. A casa – um dos endereços de Bené – tem térreo simples, portão branco e muros verdes colados a uma vendinha que anunciava a garrafa de cerveja Antárctica 600 ml por R$ 8. Parte do portão está coberta por um tapume branco, e as plantas que se debruçam sobre ele indicam que há algum tempo ninguém faz uma poda no local. O segundo andar conta com uma boa área aberta e coberta, algo bastante valorizado em subúrbios e bairros onde o calor do verão pesa. É uma casa modesta, em um bairro sem sinais de ostentação.

A área é fortemente marcada pela violência. A menos de vinte minutos dali aconteceu uma das chacinas mais violentas da história da região, a chacina da favela do Barbante, em agosto de 2008. À época, a área era dominada pela Liga da Justiça, e seus líderes, os irmãos Jerominho e Natalino, estavam presos. Oito moradores que nada tinham a ver com os negócios da milícia foram mortos, e outras duas pessoas sobreviveram.[33]

Havia seis PMs da ativa, um bombeiro e dois policiais civis em meio aos dezessete milicianos que participaram da chacina.[34] A Liga da Justiça precisava mostrar força naquele ano eleitoral. As investigações policiais mostraram que se tratou de um crime político. Delegado titular da 35ª DP de Campo Grande na ocasião, Marcus Neves explicou que quem comandou o bonde foi o ex-PM Luciano Guinâncio, filho de Jerominho e irmão de Carmem Glória Guinâncio Guimarães Teixeira, a Carminha Jerominho, então candidata a vereadora pelo Partido Trabalhista do Brasil (PTdoB), atual Avante.[35] "O grupo se utilizou de uma lógica política para favorecer a campanha da Carminha Jerominho. Com essa ação, os milicianos passam a mensagem de que os moradores estariam em perigo sem a presença do grupo na comunidade. Eles usam as estratégias do tráfico para levar o terror."[36] E vender proteção.

Além de ser ano eleitoral, a CPI das Milícias estava em andamento. Um dos sobreviventes, V., disse em depoimento à CPI que "eles resolveram matar as pessoas sem motivo, para culpar o tráfico. Com isso, queriam impor a aceitação da milícia dentro do Barbante". Com base no depoimento de V., os milicianos foram identificados. Em retaliação, mesmo sob a proteção do Estado e um pretenso anonimato, V. foi identificado pelos criminosos.[37] Seu pai e outros três parentes sumiram de casa, deixando apenas rastros de sangue.

De lá para cá, Campo Grande mudou bastante. Para bem pior. A Liga da Justiça virou Bonde do Ecko, depois Bonde do Zinho, que segue em transformação. A milícia está enfraquecida, se comparada com o que já foi, mas nem de longe fragilizada.

Só na reta final deste roteiro, já saindo de lá em direção à avenida Brasil, começamos a ver viaturas, incluindo um blindado novo da PM, aparentemente em operação, em Realengo. Pouco depois, moradores relataram tiroteio na região.[38] Algumas pichações chamaram bastante a atenção, com mensagens alusivas a grupos de extermínio, avisos de ordem e proibições – algo chocante de se observar em uma via pública. Pablo lembrou que essa é uma situação que seria escandalosa até para uma cidade como o Rio.

Novas eleições demandam novos acordos – há sempre movimentação em ano eleitoral. E isso vai ficar claro na história do Rio de Janeiro.

59

FRANQUIAS E UM PORTO ESTRATÉGICO

A área do Porto de Itaguaí é estratégica para quaisquer negócios: legais ou ilegais. Por ali circula muita, mas muita gente. Entre janeiro e maio de 2024, esse porto registrou um volume impressionante de 24 milhões de toneladas de carga, uma das maiores movimentações do país – a maioria desse movimento (90% ou 21,6 milhões de toneladas) foi de minério de ferro. Além disso, ferro e aço, contêineres, combustíveis e carvão mineral também estão entre as principais mercadorias transportadas. Há entre as cargas algo ainda mais valioso.

No fim de setembro de 2021, centenas de quilos de mangas recheadas com cocaína foram apreendidas nos galpões do porto – uma carga avaliada em R$ 200 milhões. Segundo as investigações, o destino principal seria a Bélgica, embora os agentes também apontassem Hong Kong, na China, como possível rota. Nesse último caso, o valor da droga poderia atingir R$ 500 milhões. Quase trezentas caixas de mangas estavam sendo carregadas em dois contêineres. No lugar de caroço e polpa, bexigas com cocaína, meticulosamente envoltas em plástico filme. Um trabalho minucioso, quase artesanal. Quando a polícia chegou, o carregamento estava pela metade.

As investigações indicaram que dois empresários seriam os proprietários da carga, cuja exportação era organizada pela empresa Ozon. Operando legalmente desde pelo menos 2019, a companhia de logística servia de fachada para o esquema. A droga vinha da Bolívia por rotas terrestres, era armazenada em um depósito em Itaguaí e, de lá, preparada para o embarque no porto. A apreensão representou grande prejuízo para o PCC, dono da carga, mas ninguém foi preso.

Os policiais entraram em um galpão do porto sem mandado de busca e apreensão ou prisão, o que foi considerado um erro processual. Depois de um debate acirrado no Supremo Tribunal Federal (STF), as provas foram anuladas, e o recurso da defesa acabou sendo acolhido.

Alguns dos contêineres que chegam ao Porto de Itaguaí vêm carregados de um dos mais importantes e lucrativos itens para prestação de serviço da milícia, a TV Box, aparelho que libera, sem autorização, canais pagos e plataformas de *streaming*, uma evolução do "gatonet".[39] Na coletiva de imprensa organizada após a morte dos doze milicianos, a PRF informou que só naquela semana havia apreendido mais de R$ 1 milhão em TV Box.[40] Na semana seguinte, foram apreendidos 168 mil aparelhos no Centro Logístico e Industrial Aduaneiro (Clia) – que opera sob controle da Receita Federal –, próximo ao Porto de Itaguaí, naquela que a Polícia Civil considerou a maior apreensão de aparelhos de TV Box do país. Um prejuízo contabilizado em R$ 100 milhões.[41]

Os aparelhos estavam no ZL-LOG, um centro logístico privado que atende importadores e exportadores que operam nos portos de Itaguaí e do Rio de Janeiro. Localizado a apenas 15 km do Porto de Itaguaí, o terminal está estrategicamente posicionado na rodovia RJ-099, garantindo fácil acesso aos principais corredores viários da região, como o Arco Metropolitano, a avenida Brasil e a rodovia Presidente Dutra, e facilitando o escoamento das mercadorias.

* * *

Quem mora em Itaguaí tem sempre uma história para contar, e também muita saudade. É contraditório imaginar como a cidade, que mistura ares de interior e subúrbio, pode ter tanta importância para a milícia, a ponto de ter ali uma filial tão estruturada e proeminente. Em uma conversa com o advogado Wilson Santiago, que cresceu na Itaguaí dos anos 1980, esse contraste fica evidente. Movido pelo saudosismo, ele criou a página Memórias de Itaguaí no Facebook, com o objetivo de preservar e divulgar a história da cidade. Para ele, a memória local não estava devidamente registrada nem era amplamente conhecida.

A página reúne imagens históricas, algumas datadas do início do século passado, além de relatos que, até então, existiam apenas na oralidade, sem registros oficiais. Santiago se aprofunda na pesquisa: consulta arquivos no site da Biblioteca Nacional e documenta conversas com moradores antigos, que abrem seus baús de fotografias e memórias.

"Essa era a Itaguaí de quando eu vim, ainda criança, morar aqui, na década de [19]80." Santiago, filho de um policial militar, lembra que o governo Leonel Brizola (1983-1987 e 1991-1994) construiu conjuntos habitacionais na cidade e um deles era o Agrovila Chaperó, com quase duas mil casas.[42] A ideia era que fosse um conjunto direcionado para agricultura de subsistência, para "pessoas plantarem e venderem os produtos no mercadinho e a maioria para se manter". Porém, o programa não deu certo, uma vez que não havia uma política de destinação clara dos imóveis, além de terem ocorrido algumas depredações. "O governo do estado colocou alguns policiais militares para morarem ali e tomar conta do conjunto", ele explica Santiago, observando que pouco sobrou da memória do que era aquela agrovila, hoje o bairro de Chaperó, o mais populoso de Itaguaí. "Era uma cidade bem segura, bem pacata, até porque você conhecia todo mundo que morava ali."

Com vocação para historiador, o advogado lista alguns eventos que, em sua visão, mudaram o destino de Itaguaí, fazendo-a perder o que ele chama de "estilo de vida interiorano". Na conversa que tivemos, Santiago começou relembrando a expansão do porto, então chamado Porto de Sepetiba. Com a obtenção da autoridade portuária nos anos 1990, Itaguaí passou a receber *royalties* e ganhou maior relevância econômica. Ele também mencionou a abertura da rodovia Rio-Santos, no início dos anos 1970. No entanto, segundo Santiago, foi outro evento que realmente transformou a vida da cidade. "Teve uma situação que eu acho até mais relevante que o porto. Foi a construção da Companhia Siderúrgica do Atlântico (CSA). Embora não fique em Itaguaí, mas em Santa Cruz, a construção dessa siderúrgica trouxe um contingente muito grande de pessoas." Atualmente, a CSA é uma subsidiária da Ternium, uma empresa ítalo-argentina de produção de aço que não é muito benquista pelos vizinhos.

Considerada o maior empreendimento siderúrgico da América Latina, a CSA está localizada em uma área de 9 km² às margens da baía de Sepetiba, em Santa Cruz (a cerca de 15 km de Itaguaí), em terrenos cedidos pelo governo do estado do Rio de Janeiro. Desde sua implantação, em 2010, moradores, pesquisadores e autoridades apontam problemas ambientais e de saúde causados pela empresa, como doenças respiratórias e de pele causados pelo pó preto expelido pela siderúrgica. Com uma produção de cinco milhões de toneladas de placas de aço por ano e gerando cerca de oito mil empregos, a CSA, multada constantemente, decidiu parar de divulgar os níveis de emissão de poluentes nocivos à saúde.[43]

Com a chegada da CSA – o maior investimento privado do país –, empresas de diversos setores se instalaram

na região. Para Santiago, muitas delas escolheram Itaguaí como sede por oferecer uma infraestrutura melhor que a vizinha Santa Cruz.*⁴⁴ "E veio muita gente morar aqui."
A Itaguaí das memórias de Santiago e seus colaboradores já não existe. A cidade passou por transformações profundas e mudou ainda mais drasticamente entre 2017 e 2018, quando foi tomada pela milícia de Ecko, a partir de seu bem-sucedido plano de expansão. A Zona Oeste ficou pequena para o homem ambicioso que tinha boas conexões, e, a partir de 2017, Ecko abocanhou também vinte bairros da capital e outros seis municípios da Baixada Fluminense e da Costa Verde.⁴⁵ Sua milícia passou a atuar num esquema de franquia, oferecendo apoio, segurança armada e contatos políticos em troca de uma porcentagem dos lucros.⁴⁶

Esse audacioso projeto de expansão jamais teria sido possível sem o respaldo da Polícia Militar. O "Capitão Braga", nome bordado na farda que Ecko usava para não ser reconhecido, contava com quase uma centena de agentes públicos sob seu comando. Dentro dessa tropa particular, quinze policiais atuavam de forma fixa na estrutura criminosa de Itaguaí, entre eles, Cabo Bené e Antônio Carlos de Lima, o sargento Lima, conhecido posteriormente como Toinho, peças-chave na engrenagem que mantinha a milícia operando com fluidez e impunidade.

Após ser expulso da Polícia Militar em 2009, Bené passou a se dedicar integralmente à milícia. Já o então sargento Lima, ainda fazia dupla jornada: trabalhava no 27º Batalhão da Polícia Militar (BPM), em Santa Cruz, onde era responsável pelo patrulhamento da região que se tornou a base da

---

* Santa Cruz é um bairro da Zona Oeste da cidade do Rio de Janeiro, bem próximo da Baixada Fluminense, onde está localizada a cidade de Itaguaí.

milícia de Ecko; ao mesmo tempo, colaborava com a quadrilha na invasão de Itaguaí. Lá, Bené e Toinho chefiavam a franquia da milícia de Ecko, implementando o mesmo modelo que garantiu o domínio do chefe sobre a maior parte da Zona Oeste. Toinho foi preso em março de 2018.[47]

Antes de serem funcionários da Firma de Ecko, os então policiais já eram parceiros de atuação na milícia. Bené entrou para a milícia pelas mãos de outro policial militar, Júlio César Ferraz, o Passarinho, uma das lideranças locais em Itaguaí. A amizade entre os dois era antiga, e a chegada de Bené reforçou a estrutura da milícia que Passarinho liderava já de forma consolidada.

O que se sabe é que, por volta de 2012 ou 2013, Toni Ângelo tinha uma conhecida que morava em Chaperó, bairro afastado do centro de Itaguaí, sem comércio relevante, mas estrategicamente localizado, com acesso a uma área de sítios em Seropédica, nas proximidades do que hoje é o aterro sanitário da cidade. Até então, a milícia não demonstrava grande interesse por Itaguaí. No entanto, um homicídio mudou o rumo da história: traficantes assassinaram um menino da família dessa conhecida de Toni Ângelo, que não se sabe ao certo se era trabalhadora doméstica da família ou alguém próximo. O crime, no entanto, foi o estopim para que Toni Ângelo ordenasse a entrada de milicianos na região. Eles vieram de Campo Grande e, de forma rápida e eficiente, expulsaram os traficantes da facção Amigos dos Amigos (ADA), que controlavam a área.

Esse foi o primeiro movimento da milícia em Itaguaí. Com o tempo, os milicianos perceberam que o local oferecia grande potencial. Havia rotas de fuga, sítios para reuniões e festas, além da ausência de uma estrutura criminosa forte. O tráfico local era frágil, a criminalidade difusa e, assim, não havia nem concorrência, nem resistência. Portanto, a ocupação não foi planejada, mas se deu como uma expansão oportunista.

Os primeiros milicianos a se estabelecer na região replicaram as práticas que já utilizavam em outras áreas dominadas. Quem atuava em locais como Jesuítas, Palmares ou Manguariba, na Zona Oeste, já estava habituado a cobrar taxas e garantir a "segurança". Ali, os valores mensais giravam em torno de R$ 2 mil a R$ 3 mil por esse tipo de serviço. O mesmo modelo foi então implantado em Itaguaí.

Com o tempo, a notícia chegou até a liderança da milícia. "Ficamos sabendo que você está explorando uma área nova. Está rendendo bem? Já está no comando por lá?" Esse tipo de conversa entre os chefes era comum. Quando uma célula se mostrava lucrativa, o comando oficializava a expansão: quem havia iniciado a operação poderia seguir na liderança, mas teria de dividir os lucros com a organização. "Você fica na frente ou como segundo no comando. Vou botar mais gente para ajudar. E agora o dinheiro não é só seu." Assim, o crescimento da milícia ocorria de maneira orgânica. "Eles não decidiam em um escritório quais áreas ocupariam. Simplesmente iam expandindo para onde houvesse pouca resistência e possibilidade de lucro", explicou um agente público que investigou a atuação da milícia na região, acompanhando sua evolução bem-sucedida ao longo dos anos.

As áreas sem confrontos eram as mais visadas. Nos locais onde encontravam oposição, recorriam à violência para tomar o território e eliminar concorrentes. Foi nesse contexto que cresceram em Itaguaí. A ocupação definitiva aconteceu durante a Copa do Mundo de 2014, sediada no Brasil. Em julho daquele ano, com apoio de milicianos de

Campo Grande e sob a liderança de Passarinho, a milícia se fortaleceu na cidade. Chegaram bem armados e com reforços emprestados, à época, pelo grupo de Carlinhos Três Pontes. Toni Ângelo já estava preso e, no comando, havia um novo líder: Marcos José de Lima, o Gão, também ex-policial – preso desde 2014, alguns dizem que denunciado por Passarinho.

Quando entraram em Itaguaí, Júlio César já era um ex--PM, expulso da corporação na mesma época e pelo mesmo motivo que Bené. Eles pertenciam à mesma turma e ingressaram juntos na Polícia Militar. Hoje, Passarinho continua vivo e responde a diversos processos, mas conseguiu evitar condenações mais severas devido a falhas no sistema judiciário, me explicou um promotor. "Mesmo com várias acusações, ele ainda circula livremente."

Com a milícia estruturada, Passarinho e Bené se uniram a um terceiro elemento: o Toinho. Diferentemente dos outros dois, que eram ex-policiais e atuavam na liderança, Toninho ainda estava na ativa. Ele era o único PM em posição de ponta no esquema. Os três tentaram firmar um acordo com a Polícia Militar local, alegando que estavam ali para ajudar no combate ao tráfico. "Não queremos guerra com vocês", diziam. A resposta inicial do comandante da PM foi clara: "Isso aqui não existe. Se fizerem algo errado, vamos prender vocês." Logo depois, ele pediu transferência. Em seu lugar, chegou um novo comandante, e, dessa vez, o acordo foi fechado.

Com o caminho livre, a milícia dominou a cidade em pouco tempo. Em dois ou três meses, Itaguaí já estava sob controle. A polícia demorou a perceber o que estava acontecendo e a agir. Aos poucos, o Ministério Público começou a identificar os principais nomes da organização criminosa e realizar prisões. Um dos primeiros a ser capturado foi um miliciano que atuava exatamente como Bené e Passarinho: ele tinha uma base em Coroa Grande, bairro de Itaguaí que ainda não era controlado formalmente pela organização, mas que explorava de forma independente. Assim como acontecera em outros casos, a cúpula decidiu que era hora de oficializar o domínio: a área seria incorporada à milícia, mas sob as regras da organização. "Isso agora faz parte da Firma. Você vai ganhar só um fixo, e o grosso do lucro vai para os chefes."

Esse miliciano, Marcus Vinicius Salviano, conhecido como Geday, não aceitou bem a mudança. Em Coroa Grande, ele tinha autonomia e um bom faturamento. Com a anexação, se tornaria apenas mais um assalariado da milícia de Ecko. Revoltado, tentou expandir suas operações para a cidade vizinha de Mangaratiba, mas encontrou resistência. Entrou em conflito com outro criminoso que também extorquia comerciantes na região. O desentendimento foi resolvido à bala: Geday levou um tiro e foi parar no hospital. Quando chegou lá, os policiais identificaram suas tatuagens e outras características físicas que já haviam sido levantadas em uma investigação anterior. Ele ainda estava vivo, mas desacordado. Confirmada sua identidade, o MP solicitou sua prisão e o acesso ao seu celular.

Geday não fora cuidadoso o suficiente. Seu celular estava repleto de referências à milícia e, com os dados coletados, foi possível avançar na investigação e iniciar uma série de interceptações telefônicas, revelando detalhes cruciais sobre o funcionamento da organização.

Estava claro que a "aliança com forças policiais" permitia que o Bonde do Ecko avançasse com "liberdade e desenvoltura". Essa *joint venture* entre milícia, tráfico e polícia, controlada por Ecko por meio de parcerias pagas com participação nos lucros ou arranjos específicos, fez da milícia a maior "firma" do estado. A parceria era, de fato, um sucesso. Entre 2014 e 2018, nenhum miliciano foi preso em flagrante em Itaguaí. O dado corrobora o que o delegado Carlos Alexandre, titular da delegacia de Itaguaí entre 2017 e 2018, declarou em seu depoimento na Operação *Freedom*: "a PM não contribuía com as investigações e, mesmo sabendo onde os milicianos estavam, nunca apresentou nenhuma ocorrência envolvendo milicianos." Carlos Alexandre foi um dos delegados responsáveis pelo inquérito que iniciou a investigação sobre a atuação da milícia na região, em 2017, mas foi removido do cargo dez meses depois, antes de concluí-la.

Moyses Santana, que o sucedeu na delegacia, fez uma afirmação semelhante: durante o período em que esteve à frente do cargo, "não houve prisões efetuadas por iniciativa da Polícia Militar". Sem oferecer qualquer justificativa, a Polícia Civil negou o pedido de entrevista com os dois delegados, limitando-se a informar que "não será possível contribuir" com o trabalho. Não é difícil entender por quê.

O BERÇO DE BENÉ

A cidade de Itaguaí é, ao mesmo tempo, próspera e miserável. Uma das mais violentas do país, mas também vista como promissora. Ali estão sediadas muitas empresas frigoríficas, metalúrgicas e de iluminação, gerando um contraste com sua realidade social. Foi nesse cenário dicotômico que nasceu Carlos Eduardo Benevides

Gomes, no início da madrugada de 22 de agosto de 1981. Mais tarde, ele seria conhecido como Cabo Bené, crescendo em uma Itaguaí que pouco se assemelha à que conhecemos hoje.

Na década de 1980, quando Bené era criança, o Rio de Janeiro era outro – e a milícia também. Naquela época, a milícia era chamada de autodefesa comunitária, uma evolução dos grupos de extermínio. O termo podia soar positivo, e era assim que esses grupos, compostos quase exclusivamente de agentes públicos de segurança, eram vistos: uma proteção extra, especialmente contra traficantes.

Nos anos 1980, o Rio de Janeiro fervilhava. Os grupos de traficantes que se organizaram na década de 1970 viram muita coisa mudar com a chegada da cocaína.[48] Em meados daquela década, já "nevava no Rio".[49] A cidade tinha virado um corredor de passagem importante na rota de distribuição da droga para a Europa e para a América do Norte. Isso alterou a perspectiva econômica das facções, as disputas entre elas por mais e mais áreas de domínio e, por consequência, a violência cresceu e atingiu a vida de todo mundo. De uns mais do que de outros, é certo. Tudo isso era alardeado pela imprensa na época, muitas vezes de forma sensacionalista, o que aumentava a insegurança e o medo da população.

A década de 1980 no Rio de Janeiro marcou um ponto de inflexão na história das milícias, que passaram de grupos de extermínio para organizações mais sofisticadas, diluídas na sociedade e discretas. A violência, antes escancarada por esses justiceiros, mudou para uma forma mais sutil e complexa, abrindo caminho para o que hoje conhecemos como milícia. Foram muitas mudanças.

O primeiro grupo de extermínio do qual se tem notícia no Rio de Janeiro surgiu na década de 1960, com a execução de Manoel Moreira, mais conhecido como Cara de Cavalo, um ladrão que extorquia apontadores do jogo do bicho. Cansados de perder dinheiro, os bicheiros buscaram a ajuda de Milton Le Cocq, um detetive da Polícia Civil que havia integrado a guarda pessoal de Getúlio Vargas. Na noite de 27 de agosto de 1964, Le Cocq, ao lado de outros policiais, armou uma emboscada para "prender" Cara de Cavalo em Vila Isabel, bairro na Zona Norte do Rio. Ao perceber a presença dos policiais, Cara de Cavalo tentou fugir, e, em meio ao tiroteio, Le Cocq foi morto. Para vingar a morte do colega, doze policiais se uniram com o objetivo de matar o criminoso. O grupo, que ficou conhecido como *Scuderie* Le Cocq, Esquadrão Le Cocq ou os Doze Homens de Ouro, seguiu executando várias pessoas extrajudicialmente.

A redemocratização, iniciada em 1985 e celebrada em todo o país, forçou os grupos de extermínio a se adaptarem e buscarem novas formas de atuação. A participação direta de policiais e militares nessas ações, antes protegida pela Ditadura Militar, era agora arriscada e resultou em uma espécie de "terceirização" da violência. Civis foram recrutados para a linha de frente dos grupos de extermínio, assumindo sua face pública, enquanto a estrutura de segurança pública operava nos bastidores, com menos visibilidade. Essa estratégia garantiu a continuidade das práticas violentas, mas com menor exposição e menos consequências para os agentes do Estado. A parceria com civis representou uma "variação" na estrutura das milícias, tornando-as mais aceitáveis e difíceis de combater.

Enquanto esses grupos de extermínio se rearranjavam, o tráfico de drogas também passava por um período de expansão. Naquele momento, traficantes e milicianos ainda atuavam em esferas relativamente independentes, com pouca interação direta. Essa dinâmica mudaria nas décadas seguintes, com uma crescente disputa por áreas de controle, busca de maior lucratividade e envolvimento das milícias no comércio de drogas. A conexão entre os dois se intensificaria mais tarde, no fim da década de 1990 e início dos anos 2000.

A década de 1980 também foi um marco para o início de debates acadêmicos sobre segurança pública. Centros de estudos especializados foram criados nas universidades e grupos de pesquisadores se uniram para entender a violência e propor soluções. Com abordagens mais humanizadas, como a polícia comunitária e a polícia cidadã, conceitos que se consolidaram na academia e se transformaram em políticas públicas em alguns estados, com a implementação da "polícia de proximidade", a ideia era estreitar os laços entre os policiais e as comunidades que eles patrulhavam.

Com o desenvolvimento de um discurso acadêmico sobre segurança pública em busca de modelo de polícia mais humana e cidadã, instaurou-se uma certa "cientificidade" nesse campo – que o sociólogo e professor da Universidade Federal Rural do Rio de Janeiro José Cláudio Souza Alves chama de "ingênua". Essa proposta pressupunha uma aproximação idealizada entre a polícia e a população, sem considerar o contexto histórico e as complexas relações de poder que permeiam a segurança pública no Brasil.

Para Alves, essa "cientificidade" – a interpretação da segurança pública, feita pela academia, que não levava em conta sua origem vinculada a figuras como Le Cocq, às execuções sumárias e à lógica do "bandido bom é bandido morto", amplificada pelos grupos de extermínio durante a Ditadura nos anos 1960 e 1970 – teve um papel importante na formação do discurso sobre segurança nos anos 1980. Naquela época, houve uma tentativa de aproximar a estrutura militarizada, responsável pelas execuções sumárias, ao conceito de policiamento comunitário, transformando, ao menos no discurso, o modelo de polícia em uma força cidadã voltada ao bem-estar da sociedade. Alves sugere que essa influência, mesmo que indireta, pode ter contribuído para a sofisticação das milícias, que passaram a adotar um discurso mais aceitável e se infiltrar em áreas até então menos acessíveis a esse tipo de atuação.

A mídia, por sua vez, já começava a lançar luz sobre as práticas da "polícia mineira", como eram conhecidos os policiais que "mineravam" o que podiam, roubando e extorquindo. O jornal *O Globo*, por exemplo, publicava reportagens que denunciavam a atuação desses grupos, mesmo antes da popularização do termo "milícia", que foi criado pela jornalista Vera Araújo, numa matéria de 2005 com a manchete: "Milícias de PMs expulsam tráfico."[50]

Essa cobertura midiática, ainda que incipiente, começava a despertar a atenção para o problema. Nos anos 1980, a região de Itaguaí já apresentava características que favoreceriam a expansão das milícias nas décadas seguintes. O porto, criava um ambiente propício para o contrabando e o tráfico de armas, com a participação de políticos e figuras emblemáticas, como Ailton Guimarães Jorge, o Capitão Guimarães ou "Tenente Contrabando".[51]

Capitão Guimarães voltou aos holofotes com a estreia da série *Vale o escrito: a guerra do jogo do bicho*, da Globoplay, no primeiro semestre de 2024. Não que ele ainda não fosse conhecido – quem estudava ou trabalhava com os temas segurança pública, milícia, jogo do bicho, Carnaval ou ditadura, já o conhecia bem – mas ele estava "no sapatinho", e de tornozeleira eletrônica, na dele, sem grandes aparições havia algum tempo.

73

Um dos principais contraventores do Rio de Janeiro, notório por sua atuação no jogo do bicho e por seu envolvimento com escolas de samba, Capitão Guimarães foi presidente da Unidos de Vila Isabel (1983 e 1987), patrono da Viradouro e presidente da Liga Independente das Escolas de Samba, a Liesa, por duas vezes, de 1987 a 1993 e de 2001 a 2007.[52]

No relatório final da Comissão Nacional da Verdade, que veio a público no fim de 2014, o nome de Guimarães é citado como torturador. Ele é acusado de graves violações dos direitos humanos contra presos políticos no DOI-Codi do Rio de Janeiro e na 1ª Companhia da Polícia do Exército da Vila Militar. Para ele, esse período de sua carreira é motivo de orgulho, como se pode perceber na série.

Ex-oficial do Exército, Guimarães utilizava suas credenciais como agente da repressão para extorquir contrabandistas na Zona Portuária do Rio. Ele apreendia mercadorias irregulares e as revendia aos próprios donos ou aos seus concorrentes. Foi pego e pressionado a pedir demissão do Exército em 1981, mas o revés não lhe causou grande prejuízo.

Quando preso, aproximou-se do bicheiro Ângelo Maria Longa, o Tio Patinhas, um dos mais poderosos da época. O colega de cela deu a Guimarães o direito de assumir a exploração de bancas de jogo de um pequeno bicheiro inadimplente. A ascensão foi meteórica, e logo acusações de homicídios, corrupção e formação de quadrilha se somaram às de tortura. No entanto, nada disso lhe gerou reais problemas, pois, como ele sabia, quem tem bons advogados tem tudo.

Essa trajetória de sucesso fez de Guimarães um ídolo para Adriano da Nóbrega, ex-capitão do Batalhão de Operações Especiais (Bope), que ganhou notoriedade nacional durante as investigações sobre a execução da vereadora Marielle Franco.

Nóbrega foi apontado como chefe do chamado Escritório do Crime, um grupo de matadores de aluguel que operava no Rio de Janeiro a serviço de bicheiros. De um crime a outro, de uma ponta a outra, os dois estão unidos pela impunidade. A falta de punição de um capitão favoreceu o sucesso do outro, mais de meio século depois.

Nesse meio-tempo, a violência evoluiu para formas mais complexas e articuladas, com as milícias emergindo como uma força estruturada. Enquanto isso, o tráfico de drogas avançava em paralelo, e regiões como Itaguaí despontavam como pontos estratégicos para os grupos armados, misturando interesses políticos, econômicos e criminosos em uma teia que ganharia ainda mais força nas décadas seguintes.

IMPRENSA E MILÍCIA

A história da imprensa e das milícias no Rio de Janeiro é marcada por uma complexa rede de relações, entrelaçando momentos de denúncia e visibilização do problema com episódios de omissão e perpetuação de discursos que, indiretamente, contribuíram para o crescimento e o fortalecimento desses grupos criminosos.

O marco inicial dessa relação se deu em meados dos anos 2000, com a reportagem de Vera Araújo no jornal *O Globo*, em que cunhou o termo "milícia", substituindo a antiga denominação "polícia mineira". Essa categorização, como destaca o pesquisador Luiz Eduardo Soares, "ajudou a visibilizar e a compreender o fenômeno", colocando-o na agenda pública e pautando o debate sobre a segurança pública no Rio de Janeiro.

A partir daí, a imprensa passou a desempenhar um papel importante na denúncia dos crimes cometidos pelas milícias, revelando seus métodos violentos de atuação, seus esquemas de extorsão e seus vínculos com a política. Um exemplo emblemático foi a cobertura do sequestro e da tortura de jornalistas do jornal *O Dia* em 2008. O crime, que chocou o país e repercutiu internacionalmente, pressionou o então governador Sérgio Cabral a autorizar a CPI das Milícias, que teria início alguns meses depois, em 19 de junho de 2008.

No macabro episódio, dois jornalistas e um motorista do jornal carioca foram sequestrados e torturados por cerca de sete horas por milicianos da favela do Batan, em Realengo, Zona Oeste do Rio de Janeiro, a dez minutos do batalhão da área. Os repórteres estavam morando na favela havia cerca de duas semanas, disfarçados de marido e mulher, preparando uma reportagem sobre a atuação de grupos paramilitares que exploravam moradores da região. Foram capturados, espancados, ameaçados de morte e submetidos a humilhações extremas antes de serem libertados.

No texto "Minha dor não sai no jornal", publicado na revista *Piauí* em 2011, o fotógrafo Nilton Claudino – um dos dois jornalistas brutalmente agredidos no episódio – revelou que duas figuras públicas participaram da sessão de tortura:

> A repórter reconheceu a voz de um vereador, filho de um deputado estadual. E ele a reconheceu. Recomeçou a porradaria. Esse político me batia muito. Perguntava o que eu tinha ido fazer na Zona Oeste. Questionava se eu não amava meus filhos. Os agressores estavam com toucas do tipo ninja. Houve um momento em que achei que tinha morrido. Senti como se estivesse subindo para o céu, mas não era minha vez. Tive que voltar para contar.[53]

Nilton se refere a Jairo de Souza Santos, o Coronel Jairo, e a Jairo de Souza Santos Júnior, o Dr. Jairinho, pai e filho, cujas trajetórias políticas e os envolvimentos com o crime organizado em diferentes esferas geraram um impacto significativo na sociedade carioca. Dr. Jairinho começou sua carreira política como vereador em 2004 e foi reeleito consecutivamente em 2008, 2012, 2016 e 2020, quando finalmente foi cassado. Sua notoriedade, no entanto, se deu por um motivo trágico: ele foi investigado pela morte de seu enteado, o menino Henry, de quatro anos, em 2021. Já o pai, Coronel Jairo, ex-policial militar, deputado estadual eleito em 2002 e reeleito em 2006, 2010 e 2014, também fez parte de um cenário controverso. Além de ser um ex-preso da operação Lava-Jato, também foi alvo de investigações pela Polícia Civil relacionadas ao caso dos jornalistas torturados na favela do Batan. Durante a apuração do episódio, os profissionais chegaram a ser abordados para sondagens por um homem identificado como "Betão", que se apresentou como assessor do ex-deputado.

O caso do sequestro e da tortura gerou indignação pública, mas, como é comum em muitas situações envolvendo figuras poderosas, não resultou em consequências significativas para os envolvidos. Organizações como a Repórteres Sem Fronteiras (RSF) e a Associação Brasileira de Jornalismo Investigativo (Abraji) denunciaram as graves violações e destacaram os riscos que jornalistas enfrentam ao investigar grupos criminosos no Brasil. O episódio também levantou discussões sobre a liberdade de imprensa em áreas dominadas por facções armadas, evidenciando a urgência de medidas para proteger jornalistas investigativos em situações de extrema vulnerabilidade. Segundo o fotógrafo da equipe, a experiência traumática devastou sua carreira e afetou profundamente sua vida pessoal. "Perdi minha mulher, meus filhos, os amigos, a casa, o Rio, o sol, a praia, o futebol, tudo."[54]

O incidente de 2008 foi dos mais terríveis da história da imprensa brasileira, além de abrir um grave precedente. E levou jornalistas, como eu, que cobrem o tema segurança, a tomar muito cuidado, especialmente quando se trata de milícia. Escrever este livro foi difícil, pois alguns lugares são simplesmente impenetráveis; muitas pessoas têm medo de falar, e as polícias se negam a responder às perguntas – especialmente a Polícia Civil. Precisei redobrar a atenção e os cuidados.

Neste tipo de cobertura, é preciso, além do cuidado, de contexto. Isso, no entanto, se tornou cada vez mais complexo em um tempo em que os jornalistas mais experientes são demitidos sob a justificativa de cortes de gastos, e com eles se vão a memória do Rio e desses grupos criminosos que atuam na cidade. Os mais jovens, ao chegarem às redações, precisam trabalhar por dois ou três colegas, publicando incessantemente – e sem tempo para mergulhar nas histórias e entender o que de fato está acontecendo. Por isso, essa faca tem dois gumes.

A relação da imprensa com as milícias não se limita à denúncia e à investigação. Com certa frequência, a cobertura midiática contribui para a construção de histórias heroicas em torno de figuras policiais, como o Capitão Nascimento, personagem do filme *Tropa de elite*. Esse tipo de abordagem, como aponta Luiz Eduardo Soares, acaba por reforçar a "lógica do justiceiro", sem aprofundar a crítica à violência policial e suas consequências.

Além disso, a imprensa, não raro – para não dizer na maioria esmagadora das vezes – se deixa levar pela espetacularização de algumas situações, como a ocupação do complexo do Alemão para implantação da UPP, em 2010.[55] Quem não se lembra daquelas imagens de traficantes correndo por uma estrada de terra, com fuzis nas costas? Durante dias, os jornais repetiram as mesmas imagens, enquanto alguns jornalistas, especialmente os de programas policialescos, mal disfarçavam o entusiasmo ao informar (quase comemorar) "mais um CPF cancelado" – uma atualização brutal do velho bordão "bandido bom é bandido morto".

É o tipo de cena que me lembra de que o presidente de honra do esquadrão da morte *Scuderie* Le Cocq foi um jornalista, David Nasser, que iniciou a carreira em *O Globo* e ganhou notoriedade como repórter da influente revista *O Cruzeiro* (1928-1985), na qual publicava histórias que inventava como se fossem verdade. Quando morreu, seu velório aconteceu no prédio da antiga revista *Manchete*, e seu caixão foi envolto na bandeira do grupo que era a semente das milícias como as conhecemos hoje – sim, a *Scuderie*. A cena é narrada pelo jornalista Luís Maklouf Carvalho no livro *Cobras criadas*.[56] Considerado o maior jornalista de sua época, Nasser era também compositor. É dele a marchinha de carnaval "Nêga do cabelo duro", escrita com Rubens Soares. Como diziam seus colegas, "um homem brilhante, mas sem escrúpulos".

Somada ao fortalecimento do mito do justiceiro, a espetacularização da violência promovida pela imprensa contribui muito para que as coisas continuem como estão e para o aumento da sensação de medo – raramente ancorada em índices criminais. E, com medo, a população compra qualquer solução, sobretudo a mais à mão, geralmente vendida por quem cria o terror.

Também amplamente reproduzido pela imprensa, o discurso do "mal menor" apresentava, numa visão simplista, as milícias como uma alternativa "menos pior" ao tráfico de drogas, e foi endossado ao longo do tempo por políticos como César Maia, Eduardo Paes e Flávio Bolsonaro, entre muitos outros. Essa visão minimizava a gravidade dos crimes cometidos por milicianos e contribuía para a sua aceitação por parte da sociedade. Maia finge que isso nunca aconteceu, Eduardo Paes se retratou, e Flávio... Bem, o Flávio é o Flávio Bolsonaro.

A imprensa desempenha, portanto, um papel ambíguo na história das milícias. Se, por um lado, contribui para a denúncia de suas ações, por outro, colabora no seu fortalecimento. José Cláudio Souza Alves me disse em entrevista que é preciso "desmistificar a ideia de que o problema da violência se resume à figura do 'policial lambão' e aprofundar o debate sobre as falhas estruturais do sistema de segurança pública que permitem o crescimento dos grupos armados e da violência".

DE DENTRO

Quando quase ninguém dava a devida atenção às milícias, o sociólogo José Cláudio Souza Alves pesquisou e escreveu sobre o tema. Nascido e criado na Baixada Fluminense, ele conhece como poucos a realidade da região. Quando querem mergulhar em um assunto, os pesquisadores fazem trabalho de campo, se misturam com o que estão pesquisando ou o observam o mais de perto possível. Essa é uma das etapas da metodologia científica de pesquisa, chamada etnografia, na qual o pesquisador observa, coleta e analisa dados e interpreta fatos e fenômenos. Pode ser apenas científica, mas essa é a descrição do dia a dia da vida daquele pesquisador, que mora e trabalha em áreas dominadas por milícias. Por isso, Alves costuma dizer que não faz trabalho de campo, ele vive o campo.

O livro que lançou em 2003, *Dos barões ao extermínio: uma história da violência na Baixada Fluminense*,[57] foi um dos primeiros que li sobre o tema, quando o assunto milícia ainda não "estava na moda". Ali, ele explica a atualidade ao analisar o passado (quando a Baixada era um grande descampado de roças onde o café era cultivado à base de sangue) e expor a maneira como a violência fez parte do processo de formação histórica da região.

Em pouco mais de duzentas páginas, o autor traça um panorama histórico da Baixada, revelando como a violência se tornou um pilar da política e economia locais. Desde os tempos do coronelismo, quando os barões do café e da cana-de-açúcar exerciam o poder com mão de ferro, até os dias atuais, a Baixada Fluminense foi moldada pelo uso sistemático da força como instrumento de dominação. O abandono do Estado, a desigualdade extrema e a ausência de políticas públicas estruturantes criaram um terreno fértil para que o controle territorial fosse assumido por grupos de extermínio e, mais tarde, pelas milícias – muitas vezes operando com a conivência ou a participação direta de agentes públicos.

Com o crescimento desordenado das cidades-dormitório, como são designados os aglomerados urbanos que crescem nos arredores de uma grande cidade, como o Rio de Janeiro, e a precarização da vida local, a população pobre passou a ser vista não como cidadã, mas como uma ameaça. Essa lógica legitimou a violência policial e a ação

81

de grupos paramilitares, que passaram a não somente reprimir, mas também a explorar economicamente a região.

José Cláudio Souza Alves explica que o avanço do neoliberalismo na Baixada não rompeu esse ciclo; pelo contrário, sofisticou os mecanismos de controle, transformando as milícias em verdadeiras empresas do crime, dominando desde a venda de serviços básicos até o comércio de imóveis, exercendo seu poder pela força.

A pesquisa pioneira do sociólogo também evidencia como o discurso midiático e político contribuiu para a normalização da brutalidade, reforçando a ideia de que a execução sumária dos "indesejáveis" seria uma solução para a criminalidade. Ao longo dos anos, a Baixada Fluminense tornou-se o laboratório de um modelo de repressão extrema, baseado na economia da violência e na eliminação sistemática dos mais vulneráveis – a mesma lógica que, hoje, se espalha por todo o Brasil.

Ao explicar a evolução detalhada desse modelo de violência, Alves nomeia algumas fases. Nos anos 1980, a milícia assume uma fase civil forte, mas a retaguarda e o suporte militarizado seguem vitais. Para o autor, a milícia como conhecemos hoje é fruto de experiências que vão se conectando e que não existiriam sem a base política dada pela Ditadura e o apoio e o financiamento de comerciantes e empresários. Afinal, as milícias eram – e são – formadas em grande parte por policiais, mas com civis atuando em papéis-chave, até mesmo de liderança.

Não há descontinuidade nesses processos. José Cláudio Souza Alves é taxativo ao dizer que não existe hoje uma "narcomilícia", tampouco uma fusão entre tráfico de drogas e milícia. A opinião é bem parecida com a do repórter Sérgio Ramalho, autor do livro *Decaído: a história do* capitão do Bope Adriano da Nóbrega e suas ligações com a máfia do jogo, a milícia e o clã Bolsonaro. Segundo o autor:

> Isso é uma grande mentira. A ideia de que existe uma narcomilícia é equivocada. Os militares graduados não desapareceram; eles apenas se mantêm em segundo plano por uma estratégia própria, garantindo sua permanência no sistema. O que realmente importa para esses oficiais é manter sua carteira funcional e o direito ao porte de arma, pois isso lhes permite transitar livremente por diferentes esferas da sociedade

Na conversa que tivemos, Ramalho mencionou que Ecko iniciou um movimento, e que ele e outros líderes visíveis são apenas a ponta de lança. "Por trás deles, há figuras muito mais influentes, incluindo oficiais de fato." Segundo ele, se antes as estruturas estavam nas mãos de soldados de baixa patente, como Bené, hoje têm forte presença do grande escalão das polícias.

O termo "narcomilícia", que começou a ser usado por autoridades policiais e foi adotado rapidamente pela imprensa, de fato não parece ser aleatório. A sua utilização ganhou força após as operações policiais da força-tarefa das eleições de 2020, em outubro, quando ocorreram as mortes de cinco milicianos em Nova Iguaçu e outros doze em Itaguaí, em um curto intervalo de dois dias.[58]

Embora o conceito de narcomilícia já tivesse sido mencionado antes, foi a partir dali que ele ganhou maior destaque, sendo amplamente promovido pelo então secretário da Polícia Civil, Allan Turnowski. O uso do termo trazia a vantagem de separar o "nós" dos "outros" – como se dissessem: "nós da Segurança Pública do Rio combatemos a milícia, nos acusam de sermos envolvidos com as milícias, mas nós as combatemos" –, de insinuar que a milícia é formada quase que exclusivamente por traficantes, apagando a grande importância da participação de agentes de segurança pública nessa história. E isso, a um mês das eleições municipais de 2020, mandava o recado de que, politicamente, vigorava o lema "bandido bom é bandido morto". "Então você esconde toda essa estrutura que continua funcionando perfeitamente com seus interesses",[59] avalia José Claudio Souza Alves.

A verdade é que não há uma narcomilícia, ou seja, a junção de milicianos e traficantes em um mesmo grupo. Segundo Alves, "o que existe são associações, acordos, negócios e possibilidades que, com o tempo, permitem o aperfeiçoamento dentro dessa estrutura. Os anos 1980 representam o início desse processo, enquanto os anos 1990 trazem uma experiência monumental para a dinâmica: a eleição de matadores na Baixada Fluminense".

A evolução dos esquemas criminosos das ruas para a política tem início na década de 1990, quando os milicianos saem da mera atuação econômica – cobrando uma taxa aqui, outra ali, matando um bocado de gente e controlando cada vez mais espaços – e se elegem para cargos políticos. Dão um salto decisivo. Tornam-se vereadores, deputados estaduais e prefeitos. Em pouco tempo, galgam à esfera federal.

Essa transição para uma milícia de estrutura mais elaborada com tentáculos nas esferas oficiais permitiu a criação de um conjunto de laços estratégicos em termos de relações políticas, proteção e acordos. Tais associações envolvem grupos políticos, incluindo alianças com a extrema direita, que continua crescendo e impondo sua agenda. Mas não só. Para José Cláudio, na formação de alianças com essas estruturas milicianas, não existem partidos de direita ou esquerda. Existem os beneficiados.

Segundo o autor, as estruturas milicianas continuam se aperfeiçoando e, concomitantemente, mantendo práticas do passado, adaptadas e melhoradas com o tempo. Não há descontinuidade nesse ciclo de evolução. No começo, se tratava de uma equação simples. Da polícia, vieram os "valores" da ordem, disciplina e uma moral um tanto quanto peculiar. Milícia era coisa de polícia. Milícia odiava traficante, a escória que destruía famílias, as quais precisavam, então, de mais proteção, extraoficial. Como todo negócio as quais prospera num capitalismo que surfa nas ilegalidades sem maiores atropelos, a milícia diversificou os negócios. Hoje, além de explorar a venda de água, gás, internet, areia, construir prédios, entre outras atividades, a milícia trafica, faz parceria com facções, aluga pontos de exploração para o jogo do bicho, obriga famílias a deixarem os lugares onde sempre moraram. Mas isso sem abrir mão de fazer aquilo que está em seu DNA: mortes por encomenda e segurança privada.

Há alguns anos, uma liderança antiga do Comando Vermelho (CV) me disse que "miliciano é bicho ruim por natureza". Enquanto eu entrevistava aquele homem alto, parrudo, com mais de trinta anos – chegar a essa idade é coisa raríssima no tráfico –, ele me contou uma história que lhe pareceu sórdida demais. Segundo ele, para tomar uma área, certa vez um miliciano se passou por uma mulher no Facebook. Empenhou tempo e ficou meses conversando com o traficante que controlava a região, até ele ter confiança e concordar em marcar um encontro. Ali veio o bote. O miliciano capturou o inimigo, o torturou de várias formas e o amarrou em arame farpado antes de o largar dentro do porta-malas de um carro.

Práticas como essa têm se espalhado por todo o Rio de Janeiro com enorme velocidade e com pouco ou nenhum

85

empecilho. Ser miliciano virou uma opção de carreira, com muitas vagas disponíveis. Entre 2006 e 2021,[60] as milícias quadruplicaram o número de áreas sob seu comando na Região Metropolitana do Rio. Em 2008, um décimo de toda a área do Grande Rio era controlado por algum grupo armado. Em 2023, esse número dobrou. Há anos a principal disputa de domínio sobre os territórios acontece entre milícias e o CV – a mais antiga e maior facção do estado do Rio.

E aqui há um ponto importante. O crescimento das milícias não aconteceu com a mera expulsão de traficantes de áreas controladas por eles, mas se deu em maior parte com a colonização de novas áreas, até então sem nenhum "dono" e, portanto, sem riscos. Exatamente como aconteceu em Itaguaí.

Isso não ocorre por coincidência ou acaso do destino. Rio das Pedras,[61] considerado o berço da milícia moderna no Rio de Janeiro, é um bairro na Zona Oeste que nasceu para acomodar a enorme massa de nordestinos que chegaram à cidade ao fim da década de 1960 para atender à demanda de mão de obra em diversos serviços do bairro de classe média e alta que prosperava perto dali, a Barra da Tijuca.[62] Essa enorme região, com extensão de quase 50 km² e mais de 55 mil moradores, a terceira maior favela do país, foi alvo de apenas oito operações da Polícia Militar entre 2020 e 2023.[63] A apenas 8 km dali fica a Cidade de Deus – ou CDD, como é conhecida –, comunidade dominada pelo CV e onde houve dez vezes mais operações policiais no mesmo período. A região é rodeada por Taquara e Praça Seca, bairros dominados por milicianos. A expansão das milícias é ancorada no fato de que apenas três em cada cem confrontos com a polícia no Rio ocorrem em áreas dominadas por colegas de farda, que, a depender do dia e da hora, estão do outro lado do balcão. É uma grande liberdade de ação, sem risco de ser importunado. Até você ultrapassar alguma linha, o que nem sempre é possível evitar.

O PREÇO DO BONDE

Ao menos dois políticos são executados no Rio de Janeiro por ano. Em ano eleitoral, os assassinatos podem escalar ainda mais, deixando cristalina a relação intrínseca entre política, polícia e milícia. Essa fase se inicia nos anos 1990 e sela o destino do estado: o Rio nunca mais seria o mesmo.

Quando, portanto, os políticos milicianos começam a ser eleitos, as conexões entre o crime e o Estado se fortalecem, tornando a milícia um problema ainda mais complexo e difícil de ser combatido. Essas conexões ocorrem em diversos níveis, desde o financiamento de campanhas com o dinheiro do crime e apoio político a milicianos até a participação direta de agentes estatais nas eleições e em atividades milicianas.

Um dos aspectos mais alarmantes dessa imbricação é a presença cada vez maior de milicianos em cargos políticos, ou de pessoas ligadas e financiadas por eles. A prática foi escalando das Câmaras de Vereadores à Câmara Federal, passando pelo Senado, por ministérios, chegando até o mais alto cargo do país – sem jamais perder a conexão com o mercado. Milícia, política e economia, porque o dinheiro legal se mistura ao ilegal, e os dois giram. Eis a tríade do nosso apocalipse diário.

Uma cena da série *Sintonia*,[64] da Netflix, ilustra bem esse caminho do dinheiro. A história mergulha no universo da música, do crime e da religião em São Paulo, sob a ótica de três jovens que cresceram juntos na mesma favela. Eles seguem caminhos distintos, mas profundamente entrelaçados, influenciados pelo funk, pelo tráfico de drogas e pela fé evangélica. Entre *beats* e armas, há uma cena curta que mostra o trajeto de uma nota de R$ 20. A mesma nota que compra droga também compra algo na vendinha da favela e é dada de oferta na igreja. Ela circula entre o legal e o ilegal o tempo todo, irrastreável.

O caso de Álvaro Lins, ex-chefe da Polícia Civil do Rio durante os governos de Anthony Garotinho e Rosinha Garotinho, entre 1999 e 2003, é um retrato emblemático da imbricação entre crime e poder no estado. Ele foi eleito deputado estadual pelo então Partido do Movimento Democrático Brasileiro (PMDB) – hoje MDB – em 2006, mas enfrentou processos na Justiça Federal por corrupção, lavagem de dinheiro, facilitação de contrabando e formação de quadrilha armada. Além disso, foi acusado de envolvimento com a máfia dos caça-níqueis. Em agosto de 2008, Lins teve seu mandato cassado, tornando-se inelegível, foi demitido e preso. Dois anos depois, foi condenado a 28 anos de prisão por liderar uma quadrilha que usava a Polícia Civil para cometer crimes. As acusações eram de corrupção, lavagem de dinheiro e organização criminosa.[65] Ele sempre as negou.

Passados quinze anos, Álvaro Lins está de volta, solto e reintegrado à Polícia Civil graças a uma decisão de Kássio Nunes Marques, ministro do Supremo Tribunal Federal (STF), indicado em 2020 pelo então presidente Jair Bolsonaro. Lins não foi o único ex-chefe da Polícia Civil do Rio a enfrentar problemas com a Justiça. Desde 2008, outros três ex-chefes também foram presos, evidenciando a continuidade dos escândalos envolvendo a cúpula da corporação. Ricardo Hallack caiu por corrupção, formação de quadrilha e lavagem de dinheiro, logo em seguida a Lins. Em 2022, foi a vez de Allan Turnowski, acusado de envolvimento com o jogo do bicho e suspeito de integrar uma organização criminosa. Isso é tão cotidiano que, ainda nos anos 1990, o então chefe da Polícia Civil fluminense, Hélio Luz, cunhou a expressão "banda podre da polícia" para descrever a simbiose entre o crime organizado e aqueles que deveriam combatê-lo.

Turnowski deixou a prisão menos de um mês após sua detenção, também graças a uma decisão do ministro Kássio Nunes Marques. Durante seu primeiro mandato como secretário, ele enfrentou acusações de ter vazado informações de uma operação da PF, mas o caso foi arquivado a pedido do MPRJ. A impunidade e a falta de controle interno nas instituições alimentam o mercado de trabalho das milícias. A ineficiência das corregedorias, a lentidão do sistema judicial e a corrupção endêmica criam um ambiente favorável para o fortalecimento desses grupos criminosos. As investigações e os processos frequentemente resultam em desfechos inacreditáveis – de arquivamento a uma simples anotação na ficha profissional. Em maio de 2025 Turnowski foi preso mais uma vez.

A ausência de políticas públicas eficazes nas áreas dominadas por esses bandos armados perpetua um cenário de violência e pobreza, deixando a população sem alternativas. Na falta de acesso a emprego, educação e segurança, os moradores acabam dependendo dos serviços controlados pelos milicianos, o que fortalece ainda mais sua influência e o seu poder. Alguns deles, diante do cenário desolador, transformam-se também em mão de obra.

89

UM JOGO ELEITORAL

A eleição custa caro. Para vencê-la, é mandatório eliminar concorrentes – e, às vezes, isso é feito de forma literal. Mandar recados aos sobreviventes também se tornou uma estratégia política eficaz e mais barata. Quem ficou vivo entendeu que a morte de Bené, um mês antes do primeiro turno das eleições municipais de 2020, era um claro recado.

O Rio de Janeiro vivia uma turbulência política. Em agosto de 2020, Cláudio Castro assumia o cargo de governador após a saída de Wilson Witzel, que enfrentava um processo de impeachment devido a suspeitas de corrupção e conluio com as milícias. Em setembro, o governo estadual trouxe de volta à cena política uma figura inesperada: o delegado Allan Turnowski, que perdera o cargo de chefe da Polícia Civil em 2011, investigado pela PF em meio à Operação Guilhotina, que prendeu policiais civis e militares acusados de corrupção e de manter ligação estreita com traficantes. Nessa operação, seu braço direito, o delegado Carlos Oliveira, ex-subchefe de Polícia Civil, foi preso sob a acusação de passar informações de operações policiais a criminosos. Turnowski sempre negou qualquer irregularidade. Agora ele retornava empossado como secretário de Polícia Civil. O intervalo de tempo entre a mudança política no governo do Rio e a festa da democracia era de pouco mais de dois meses. Licença de Witzel, posse de Castro e Turnowski, morte de Bené, eleições municipais. Como veremos, todos esses acontecimentos estão interligados.

Sob a gestão de Turnowski, a secretaria da Polícia Civil deu início em 13 de outubro de 2020 a uma força-tarefa para investigar crimes políticos e evitar interferências nas eleições da Baixada Fluminense, combatendo as milícias e prendendo mais de mil milicianos.

A morte dos doze milicianos apenas dois dias após o anúncio da força-tarefa era um grande feito, um excelente palanque para se projetar como o justo caçador de bandidos junto à opinião pública. E tudo correu como o esperado. Uma matéria publicada no jornal *O Dia* parecia uma peça de publicidade. O título dizia: "Turnowski: primeiro ano de gestão marcado por recorde de prisões de milicianos."[66] O texto era ilustrado com uma foto do delegado, de terno, expressão séria, meio fechada, posando no alto de um prédio nas imediações da delegacia da Lapa. Ao fundo, o centro da cidade do Rio. O texto endossava uma série de jargões como "a luta do bem contra o mal" e "missão dada é cumprida", publicadas acriticamente, em um estilo próprio de roteiro de *Tropa de elite*.

A imprensa. A essa altura, sabemos: não chegaríamos aqui sem ela. A construção dos heróis e dos bandidos também depende de que alguém fabrique essas imagens e as distribua para o grande público a fim de que elas se solidifiquem no imaginário da população. A aproximação entre mídia e setores da segurança vem de longa data. O primo nem tão distante das milícias, a *Scuderie* Le Cocq, estabeleceu um precedente que permanece ainda hoje: o acesso à estrutura "oficial" e ao poder de construção da "verdade".

Scuderie Le Cocq ou Doze Homens de Ouro da polícia fluminense são nomes bonitos para o Esquadrão da Morte. O grupo foi criado pelo secretário de Segurança do ainda estado da Guanabara, general Luiz França, no governo de Negrão de Lima.[67] A ideia do grupo formado por policiais era, alegadamente, combater o crime – mas não tinha pudor algum em cometê-lo. Um dos maiores expoentes, o ex-delegado de polícia e eleito duas vezes deputado estadual na década de 1990, José Guilherme Godinho Sivuca Ferreira, já falava sobre essa relação íntima. Em uma entrevista dada à *Folha de S.Paulo*, em 2006, o delegado, que lamentava a inoperância do grupo, disse que "tinha muito *le cocquiano* que matava e, depois, ligava para a imprensa".[68]

O grupo segue vivo em muitos corações de cidadãos comuns – e milicianos. Em 2012, o site do Sindicato dos Policiais Civis do Estado do Rio de Janeiro convidava para a refundação da *Scuderie*. Ainda hoje, o da Associação dos Delegados do Rio mantém no ar um texto chamado "A lenda dos Doze Homens de Ouro,"[69] assinado pelo delegado Antenor Rego Neto, autor do livro *Le Cocq e a Scuderie: uma aventura pelas máximas e crônicas policiais*.[70] No texto, o delegado enaltece os colegas em um tom saudosista e grato.

> Nossos sinceros agradecimentos em louvor ao passado destes homens que, com bravura e destemor, quando chamados ao enfrentamento dos criminosos violentos e perigosos, não titubearam em responder com o "braço forte" da lei. Portanto, em sua homenagem deixo aqui registrado, para efeito de transcrição para novas gerações, os nomes daqueles que mereceram esse título: Anibal Beckman dos Santos ("Cartola"); Euclides Nascimento Marinho; Helio Guaíba; Humberto de Matos; Jaime de Lima; Lincoln Monteiro; Mariel Mariscot; Nelson Duarte; Neils Kaufman ("Diabo Loiro"); José Guilherme Godinho ("Sivuca"); Vigmar Ribeiro e Elinto Pires.[71]

As aspas em "braço forte" são realmente do autor, que descreve que o grupo agia "para assegurar, a qualquer custo, a segurança do povo carioca". A qualquer custo.

Sivuca jurava que as iniciais E.M. no logo da *Scuderie* não significavam Esquadrão da Morte, mas Esquadrão dos Motociclistas. É dele a célebre frase "bandido bom é bandido morto", que Antenor Rego Neto diz, em seu livro, ter sido inspirada na frase "índio bom é índio morto", creditada ao general dos Estados Unidos Philip Sheridan,[72] que participou da Guerra de Secessão e das guerras indígenas, perpetrando um genocídio dos povos nativos.[73]

O grupo de justiceiros que atuou fortemente no Rio de Janeiro também deixou como legado as parcerias com o jogo do bicho. Em 2004, a 4ª Vara da Justiça Federal determinou a extinção da *Scuderie* Le Cocq, dissolvendo sua pessoa jurídica e suspendendo suas atividades, incluindo a admissão de novos sócios. A decisão, proferida em 5 de novembro, atendeu a um pedido do MPF, que argumentou que a *Scuderie* tinha caráter paramilitar e perseguia objetivos ilícitos, interferindo na apuração de crimes que envolviam seus membros e garantindo-lhes impunidade.

O sociólogo José Cláudio Souza Alves afirma que a fase cunhada por Neto marca o início do jogo duplo entre o Estado e a imprensa corporativa, e a construção da legitimidade dos princípios da execução sumária como base para a atuação da segurança pública. Ele destaca que, nesse processo, a realidade pouco importa – o que se constrói e se divulga como versão é o que prevalece. A parceria entre o Estado e a imprensa, iniciada com a *Scuderie*, persiste até hoje, ditando o modo como o jornalismo é feito e como a segurança pública é reportada. O foco está na versão governamental, muitas vezes em detrimento dos fatos, distorcendo uma das funções essenciais do jornalismo: a fiscalização do poder.

O historiador Lucas Pedretti, autor do livro *A transição inacabada*,[74] um apanhado espetacular de arquivos da repressão no Brasil, analisa as raízes dessa violência do Estado e exemplifica como a imprensa foi usada para negar violações de direitos e até tentar frear a disseminação de críticas contra o regime militar. No capítulo "Bandido bom é bandido morto", o autor narra a dificuldade da opinião pública em lidar com a imagem das vítimas da Ditadura – que, para ela, não foram tão vítimas assim. Foi árduo o trabalho dos movimentos sociais, desde os anos 1970, para tentar transformar a imagem de opositores do regime de "subversivos", "terroristas" e "bandidos" em vítimas reais de uma violência ilegítima.

Quem assistiu a *Tropa de elite* e não prestou atenção na música que os soldados em treinamento no Bope cantam não percebeu a conexão das forças especiais com o Exército. "O Bope tem guerreiros que matam guerrilheiros" revela muito mais sobre nossa história do que se poderia imaginar, especialmente quando se chega à parte, digamos, contemporânea do hino: "Homens de preto, qual é sua missão? Entrar pela favela e deixar corpo no chão!" Pedretti lembra que "a história do Bope, bem como da força de elite da Polícia Civil do Rio de Janeiro, a Core, está diretamente ligada ao contexto da Ditadura Militar, quando 'matar guerrilheiros' era a tarefa central das forças de segurança do Estado brasileiro".[75]

As origens das equipes de elite das Polícias Civil e Militar do Rio de Janeiro – a Core e o Bope, respectivamente – remontam a um grupo de elite do Exército Brasileiro, os "*kids* pretos". Esse termo, que ganhou notoriedade durante as investigações sobre a tentativa de golpe de Estado organizada por Jair Bolsonaro e seus seguidores em 2023, representa o nível mais elevado de treinamento e atuação tática dentro das Forças Armadas. Ditadura, Forças Armadas, Polícias Civil e Militar, grupos especiais e milícias estão vinculados, formando uma linha quase contínua e ininterrupta.

O episódio da operação policial que matou o Cabo Bené e seu bando em 2020 encapsula os diversos aspectos dessa equação complexa, na qual as milícias se consolidam como um poder crescente no Brasil contemporâneo. Elementos históricos, como a construção da imagem da segurança, o medo, a definição de quem é criminoso e quem é herói e até a relação entre polícia e imprensa, estão evidentes nessa narrativa.

A grande questão que surge é: o que diferencia um policial que mata um miliciano, alegando legítima defesa, do próprio miliciano Cabo Bené um dia policial, mas que passou a matar indiscriminadamente? O que difere um homicídio de outro? Afinal, como nasce um miliciano?

A FORÇA QUE EMANA DE DENTRO

SIMULTÂNEO. SEMELHANTE. Correlato. Coexistente. Esses são alguns sinônimos da palavra "paralelo". É muito comum que as pessoas se refiram às milícias como um "poder paralelo", mas os fatos nos mostram outra coisa: elas são o próprio Estado. Um Estado corrompido, permissivo, um gabinete de negócios, mas, ainda assim, o Estado como o concebemos e conhecemos, mesmo que esse conceito esteja em disputa por diferentes teorias.

Outra afirmação, ou associação, recorrente, também imprópria, diz que a milícia é uma máfia. Não é. Assim como temos um desenho próprio de Estado, temos particularidades na formação das nossas organizações criminosas. Enquanto os grupos familiares que dominaram negócios lícitos e ilícitos na Itália são independentes dos Poderes Executivo e Legislativo, no Brasil as milícias não apenas corrompem como são parte do Estado e de seus poderes.

Como aponta José Cláudio Souza Alves, estamos diante de uma estrutura própria, com a assinatura brasileira, que transforma a milícia em algo distinto da máfia tradicional. Ela se configura aqui como uma rede de poder entrelaçada às instituições públicas. Nós copiamos algumas coisas de fora, é verdade. Um exemplo é o nome da maior milícia que já agiu no Rio, a Liga da Justiça, uma tradução de *Justice League*, desenho e filme de super-herói dos Estados Unidos, no qual o Batman e a Mulher-Maravilha montam uma equipe com superpoderes para enfrentar o mal. Batman, inclusive, era o apelido de Ricardo Teixeira Cruz, um dos líderes dessa milícia. O ex-policial militar, expulso da PM em 1992, quando fazia parte do Batalhão de Choque, foi preso em 2009[1] por ordenar a morte de um motorista de van.[2]

A Liga da Justiça surgiu em Campo Grande, na Zona Oeste do Rio, no fim dos anos 1990. Esse grupo miliciano – fundado pelos irmãos Jerominho e Natalino, ambos policiais civis na época – iniciou suas atividades de forma concentrada, focada na exploração de transporte e serviços em um dos bairros mais populosos do Brasil, que, hoje, pouco lembra sua origem rural marcada pelas grandes plantações de cana-de-açúcar e laranja. O crescimento acelerado fez de Campo Grande, a pouco mais de 50 km da capital, um importante polo econômico – legal e ilegal. A atividade criminosa que começou com o transporte clandestino – as famosas vans – cresceu, se expandiu e se diversificou a ponto de movimentar, de acordo com um cálculo da Polícia Civil, R$ 300 milhões por ano.[3]

Policiais e "empresários", os irmãos representam a transição para uma nova fase da milícia: a política. Jerominho foi vereador pelo PMDB por dois mandatos, eleito em 2000 e em 2004, e preso um ano antes de concluir o segundo, em 2007. O irmão mais novo, Natalino, foi preso no ano seguinte, quando exercia o cargo de deputado estadual, para o qual fora eleito em 2006 pelo extinto Partido da Frente Liberal (PFL), atual União Brasil. Jerominho sempre negou sua ligação com a milícia, inclusive durante seu tempo na Câmara de Vereadores. Curiosamente, em um momento irônico, ele apareceu no plenário com uma bolsa cheia de ovos de Páscoa, todos com o símbolo do Batman.

Após dez anos de prisão, em sua primeira entrevista em liberdade, concedida em maio de 2019, os irmãos juraram, mais uma vez, não fazerem parte da Liga. Ao mesmo tempo, se vangloriavam de serem "captureiros". "A gente ia pra cima", disse o caçula Natalino, também conhecido como Mata Rindo, a Gil Alessi, então repórter do jornal espanhol *El País* no Brasil.[4]

Meses depois, em fevereiro de 2020, Jerominho deu uma entrevista em vídeo ao UOL, no Centro Social Jerominho, local onde a família promovia ações sociais gratuitas para a população em Campo Grande, especialmente na área da saúde, negligenciada pelo Estado. Na ocasião, contou que, cansados de ver os assaltos e o caos causado por traficantes na região, policiais decidiram se unir para resolver o problema. "Os caras foram se reunindo. Não aguentaram mais a pressão", disse o miliciano no vídeo, tendo ao fundo um painel com um enorme coração com a frase "Coração Valente – a chama não se apagou". Sem rodeios, ele explicou que os policiais expulsavam os traficantes à bala e que, com isso, conquistaram a gratidão e a admiração da população, que passou a os ver como heróis. "Autodefesa é legal, pô", ele disse, com um sorriso de satisfação e orgulho, e reafirmou ter sido injustiçado ao ser preso por nove anos, acusado de chefiar a milícia.[5] Solto em 2018, foi preso novamente em 2022, mas essa prisão durou menos de uma semana. De volta a Campo Grande, seria vítima de uma emboscada.

No dia 4 de agosto de 2022, Jerominho estava saindo de um Mitsubishi branco, em frente ao centro comunitário da família, quando três homens encapuzados, armados com fuzis, desceram de um Cobalt e abriram fogo. Ferido na perna e no abdômen, ele foi socorrido, mas não resistiu aos ferimentos e morreu logo em seguida. O amigo que o acompanhava no momento, Maurício Raul Atallah, foi atingido e passou um mês internado no Hospital Municipal Rocha Faria, também em Campo Grande, antes de falecer.

Era cerca de 16h quando o entroncamento entre a estrada Guandú do Sapé e a rua Tenente Carneiro da Cunha ficou lotado de pessoas tentando entender o que havia acontecido naqueles vinte segundos entre a abertura da porta do Cobalt e as quedas de Jerominho e de Maurício, fuzilados.[6] O tumulto era coisa que não se via sempre ali. Quem mora em Campo Grande assegura levar uma vida tranquila e em segurança, até mesmo pacata, a depender do local. E, de fato, ao contrário da capital, os tiroteios são raridade no bairro.

Mas, sendo Jerominho uma figura histórica, criador da milícia mais conhecida do Rio, que deu origem a tantas outras, o que poderia acontecer após o seu assassinato? A bem da verdade, não houve tiroteios, operações policiais ou desarranjos mais visíveis após a execução de Jerominho.

A milícia já havia se tranformado muito e o seu poder não era mais o mesmo. O assassinato acontecia em meio a mais um racha na Liga da Justiça e à reorganização da milícia fundada pelo clã Guimarães e que mudara de mãos.

Foram muitos os desentendimentos entre milicianos ao longo da atividade da Liga da Justiça, fragmentada em vários bondes, com diferentes alianças e cisões, o que tem levado, pelo menos nos últimos dez anos, a Zona Oeste a ser disputada palmo a palmo, em meio a tiroteios incessantes.

A Liga da Justiça surgiu no fim dos anos 1990 e, por anos, foi comandada por policiais militares. Quando foi preso em 2007, Jerominho dividia a chefia da organização com outros três criminosos: Ricardo Teixeira Cruz, o Batman, capturado em 2009; Toni Ângelo de Souza Aguiar, preso em 2013; e Marcos José de Lima, o Gão, detido em 2014. Com as prisões, a Liga da Justiça passou a ser chamada de A Firma e sofreu sua primeira grande transformação. O comando foi assumido por Carlos Alexandre Braga, o Carlinhos Três Pontes, o ex-traficante que conquistou prestígio dentro da estrutura paramilitar. Foi a primeira vez em que a liderança da organização não estava diretamente ligada à Polícia Militar, marcando uma mudança significativa no perfil da milícia.

Uma carta datada de 2020, apreendida na casa do ex-PM William dos Santos Araújo – o William Negão, miliciano preso em Seropédica – revelava desavenças entre Batman e Jerominho, antigos aliados e cofundadores da Liga da Justiça. Na mensagem, Batman relatava que não eram mais amigos há muitos anos e que os irmãos Guimarães estavam entre "as piores pessoas que conheci na vida".[7] Batman também estava rompido com ex-PM Toni Ângelo.

As relações entre milicianos são muito voláteis. Desde 2014, Jerominho havia rompido com Zinho e seus irmãos, Ecko e Carlinhos Três Pontes. O motivo foi o fato de o fundador da Liga não ter apoiado a ascensão de Carlinhos ao comando da milícia.

Ecko, assim como seus irmãos, viveu e morreu na comunidade Três Pontes, em Paciência, na Zona Oeste do Rio. Cabo Bené, homem de confiança de Ecko, foi morto menos de seis meses antes do chefe. O ex-PM, que entrou para a polícia em 2002 e foi expulso em 2008, após operação da Polícia Civil contra a milícia de Campo Grande,[8] era o responsável por gerir a área de Itaguaí, espécie de franquia das milícias dos bairros de Campo Grande e Santa Cruz. Bené começou a trabalhar com Ecko em 2016, desempenhando um papel estratégico.[9]

UM LÍDER DISCRETO, MAS EXTREMAMENTE VIOLENTO

Carlos Eduardo Benevides Gomes, o Bené, era uma pessoa de aparência comum. Moreno claro, magro, 1,80 m de altura, lábios finos e pálpebras ligeiramente caídas, o que lhe conferia um "olhar de peixe morto".

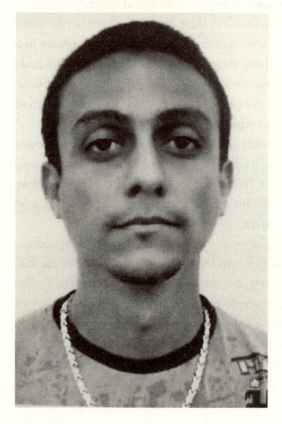

Foto de Bené no registro do Tribunal de Justiça do Estado do Rio de Janeiro.

As características físicas apontadas pelo motorista de uma transportadora que acabara de ser roubado não deixavam dúvidas à polícia sobre a autoria de mais um roubo de cargas na rodovia Presidente Dutra. O Posto Marina 52, na altura do km 217, em Paracambi – cidade vizinha a Itaguaí e Seropédica – tem estacionamento-balança, borracharia, restaurante e hotel. É visto por motoristas como uma boa parada de descanso. E pelos criminosos como a oportunidade perfeita para roubos. Naquele dia, foram roubados quase oito mil *packs* de cerveja Heineken, uma carga avaliada em quase R$ 300 mil.

Era por volta de 2h40 da manhã quando Marcelo,* que vinha de Sorocaba, em São Paulo, ouviu alguém bater na porta do seu caminhão. O homem, moreno e com barba por fazer, usava colete verde e capacete azul, aparentando ser um trabalhador uniformizado do Posto Marina. Era Bené. Ele manteve a vítima refém até o amanhecer, quando recebeu uma ligação. Ordenou que o motorista ficasse ali por mais vinte minutos e sumiu.

Depois de libertado, Marcelo andou até o posto mais próximo para pedir ajuda. Socorrido, foi para a delegacia. Ao ver o álbum de fotografias dos criminosos que agiam na região, não titubeou e apontou para a foto do homem identificado como Cabo Bené. Aquele era o homem que acabara de ameaçá-lo por horas, caso esboçasse qualquer tipo de reação: "Não reage. Se não vou te matar. Fica tranquilo."

A vítima notou outras características do ex-PM, como a precisão com que ele entrou pela janela e manobrou o caminhão, o que o fez pensar que não era a primeira vez que fazia aquilo. Ele reparou também na firme liderança, característica que já havia sido percebida por diferentes vítimas em outras ocasiões.

Bené era visto como um homem discreto, conhecido por ser frio e extremamente violento.[10] Ele era o responsável por coordenar todas as ações dos demais integrantes do grupo, como cobrança de comerciantes e moradores, "segurança", venda de água e cestas básicas, exploração do serviço de transporte alternativo e internet, pagamento e operações contra traficantes.

Ouvi de uma pessoa que acompanhou de perto as investigações que os milicianos não viam como crime aquilo que faziam. Então, pessoas como Bené enxergavam sua atuação como um trabalho, uma função que precisavam cumprir.

> **O que me choca é como essa mentalidade evolui – como, em algum momento, eles ultrapassam a linha da simples execução de um "serviço" e começam a praticar crueldades contra as vítimas. Esse nível de maldade, essa indiferença ao sofrimento que causam, é algo que eu simplesmente não consigo compreender.**

Alguns companheiros de batalhão o descreviam como "um sujeito quieto".[11] Ao longo dos quinze anos em que serviu no 27º BPM, em Santa Cruz, o cabo, que, na verdade, era sargento, não se destacou por seu perfil operacional e combativo, como fazia em seu outro trabalho, atuando na ponta. Pelo contrário, era comumente destacado para atividades internas, como cozinhar para os colegas no rancho, ou seja, no refeitório do batalhão.

Fora dali ele causava medo desmedido até em colegas de milícia. Dufaz, como era conhecido André Vitor de Souza Correa, reconheceu Bené por uma fotografia que lhe foi apresentada quando ele depunha na sede do MPRJ, no centro de Itaguaí. Era uma situação impensável: Dufaz, franzino e um pouco gago, o contrário do estereótipo viril do miliciano, tinha tomado uma decisão corajosa. Ele depunha por vontade própria depois de resolver sair da milícia. A decisão foi tomada após ser obrigado a assistir a dois amigos sendo executados e levados para um cemitério clandestino.[12] Foi obrigado a carregar e enterrar os parceiros mortos. A missão foi demais para ele, que resolveu sumir, já que não há como pedir demissão da Firma.

Dufaz não quis fazer delação premiada, seria testemunho mesmo. Ele sabia que, se ficasse na rua, poderia ser assassinado. Estava jurado de morte. "No presídio, a milícia poderia pagar alguém para matá-lo. Ele esperava ser transferido para uma cadeia sem facção, para ficar seguro."[13] Não deu tempo. Dufaz saiu do presídio, onde estava preso provisoriamente, e foi morto cinco meses após o depoimento, em fevereiro de 2019. Seu corpo foi encontrado dentro do porta-malas de um carro em Itaguaí, com marcas de tiro.[14] Mas, antes disso, contou tudo o que sabia, com riqueza de detalhes.

Dufaz era ex-traficante do CV e amigo de Carlinhos e Paulinho, milicianos acusados de desviar dinheiro das cobranças do caixa da Firma. Após descobrir o desvio, Ecko deu ordem a Antônio Carlos de Lima, o Toinho, policial militar na época ainda na ativa, para executar os dois. Toinho, por sua vez, repassou a missão a Bené, seu colega de farda e de firma. Os dois foram da mesma turma na formação da PM.

Bené marcou uma reunião com os milicianos desviantes, que foi anunciada como um encontro para organizar uma incursão na favela de Brisamar, em Itaguaí. Na realidade, era apenas um pretexto para atrair Carlinhos e Paulinho e executá-los. Eles foram para a tal reunião visivelmente assustados.

Durante o encontro, Bené recebeu duas ligações de Toinho. Se afastou do grupo, falou durante um tempo sem que ninguém pudesse ouvir. Voltou e chamou Diego, conhecido como DG, e outros milicianos do bando: Costa, Federal e FP, todos identificados por Dufaz em álbuns fotográficos da polícia. Eles então chamaram Carlinhos e Paulinho para um canto e disseram que iam "jantar". Era por volta das 20h, 20h30.

O grupo se deslocou até a Comunidade do 26, à margem da Rio-Santos, em Itaguaí, em uma comitiva de cerca de sete carros. Essa região é a velha conhecida: perto da avenida Ponte Preta, próxima ao posto da PRF. Ao chegarem a uma rua cercada por mato, mais para dentro do bairro, onde há muitas casas ainda no tijolo e alguns descampados, todos os veículos pararam. Bené disse que Toinho estava a caminho e que deveriam aguardá-lo.

Nesse momento, DG, Trakinas, Costa e FP estavam armados com um fuzil, Bené portava um AK-47. Quando Toinho chegou ao local, Bené se posicionou em frente a Paulinho, e DG ficou diante de Carlinhos. Sem qualquer aviso ou anúncio, Bené e DG começaram a atirar contra os dois.

Logo após os disparos, Bené gritou para que todos no grupo ouvissem: "Parada de homem." Apesar de gravemente ferido, Paulinho ainda estava vivo. Ele havia sido atingido no peito e no braço e, com dificuldade, implorava: "Bené, não fui eu quem desviou o dinheiro, pela minha vida." Bené, em tom frio, afirmou que a ordem para as execuções vinha de cima e que não queria matá-los, mas ambos haviam "mexido onde não deviam". Paulinho continuou a suplicar, mas Bené ignorou os apelos e, pegando o AK-47, disparou dois tiros no rosto de Paulinho. Trakinas, sem hesitar, deu o tiro fatal em Carlinhos.

No depoimento, Dufaz descreveu o episódio com detalhes vívidos, dizendo que lembrava de cada momento "como se fosse hoje". Ele relatou o medo e o nervosismo de Carlinhos e Paulinho antes das execuções, a frieza dos milicianos envolvidos e o choque de ter testemunhado o episódio.

Em seu depoimento, Dufaz deixou claro que os milicianos não temiam a PM, pois era a própria corporação que fornecia suporte e força para a milícia de Itaguaí. Ele lembrou a vez em que passou por uma blitz da PM, estando "fardado", hábito audacioso que mantinha mesmo sem ser policial, e mesmo assim foi autorizado a seguir viagem sem qualquer problema. Ele tinha uma convivência amistosa com os policiais militares, jogavam conversa fora e tomavam café juntos.

A partir do depoimento de Dufaz, a polícia descobriu a rota da avenida Ponte Preta, atrás da rodovia onde fica o posto da PRF, caminho usado pelo Bonde do Bené. Como já visto, a milícia não tinha infiltrados na PRF, assim como tinha na PM e na 50ª Delegacia de Itaguaí, localizada, aliás, ao lado da sede do MPRJ, onde Dufaz deu seu depoimento.

O delegado Moysés Santana assumiu a 50ª Delegacia de Polícia Civil em meados de 2018. Ele desempenhou um papel crucial na condução de investigações importantes, incluindo a Operação *Freedom*. Realizada pelo MPRJ em 2018, a operação identificou quase cinquenta pessoas suspeitas de integrar as milícias que atuam nos bairros de Campo Grande, Cosmos, Santa Cruz e Paciência, na Zona Oeste do Rio, além do município de Itaguaí. Moysés também atuou em grandes casos nos quais havia as digitais da milícia. Ele foi um dos vários delegados que investigaram o assassinato da vereadora Marielle Franco, entre 2020 e 2021, e trabalhou ainda nas diligências sobre a morte de Henry Borel, quando o ex-vereador Jairinho foi investigado. Infelizmente, o delegado foi proibido pela Polícia Civil de dar entrevistas para este livro.

Muitos dos milicianos delatados por Dufaz foram presos em agosto de 2018, mas Bené e Toinho se safaram.

> Houve uma ocasião em que quase conseguimos pegá-lo. Não fui eu, mas um promotor que atuava junto com o delegado Moysés, responsável por relatar a Operação *Freedom*. Durante uma diligência, eles acabaram se deparando com Benevides cara a cara. Ele estava armado com um fuzil – ou uma réplica – e, sem hesitar, apontou a arma [afirmou o promotor do caso em entrevista para este livro].[15]

O delegado congelou. Ninguém atirou. O momento de tensão durou apenas alguns segundos, mas foi o suficiente para que Bené e seus homens voltassem para o carro e fossem embora. Tudo aconteceu rápido demais. A intenção inicial era apenas colher informações, mas acabaram batendo de frente com um grupo que estava bem armado e sempre pronto para reagir. Confrontá-los ali, naquele instante, teria sido um erro.

No âmbito dessa operação, fizeram uma busca na casa de Bené, onde foi encontrada uma camisa com o símbolo da Liga da Justiça, nome da milícia antes de se tornar Bonde do Ecko.[16]

Assim que assumiu a delegacia, Moysés soube da atuação da milícia na região, mas encontrou muita dificuldade em colher depoimentos de vítimas. O medo era justificado. Mesmo diante de provas obtidas, os moradores que eram extorquidos se recusavam a falar com a polícia. Nada garantia a segurança de quem denunciasse os milicianos, que tinham olhos por toda parte.

Em uma de suas diligências, em um condomínio localizado no bairro Chaperó, o delegado prendeu Trakinas, o miliciano que fuzilou um dos amigos de Dufaz. Moysés disse que os condomínios eram utilizados pela milícia como base operacional, onde eram feitas reuniões estratégicas. Denúncias do Ministério Público corroboram a informação, apontando os condomínios do programa Minha Casa, Minha Vida em Chaperó como refúgios para milicianos. Além de serem esconderijos seguros, esses conjuntos habitacionais eram usados também como paióis, guardando grande parte do armamento do grupo.[17]

O delegado Moysés Santana ficou menos de um ano na delegacia de Itaguaí e disse que, nesse tempo, não houve prisões feitas por iniciativa da PM, ao contrário da PRF, que efetuou diversas prisões que resultaram na apreensão de veículos clonados, armamento, dinheiro, materiais relacionados ao tráfico e até fardas militares.

Nas investigações, Moysés chegou à conclusão de que, além de liderar diretamente a milícia em Itaguaí, Bené mantinha uma forte ligação com a organização maior liderada por Ecko. Ele era um dos responsáveis pela integração das ações locais com as da milícia de Campo Grande e Santa Cruz, desempenhando um papel-chave que reforçava o poder e a abrangência da milícia na região. Mais tarde, ficou claro que Bené era o articulador das novas franquias do Bonde do Ecko na área e em suas adjacências. Ao contrário de outras lideranças, o Cabo Bené ia a Itaguaí com bastante assiduidade, principalmente para supervisionar as atividades do grupo que ficou conhecido como a Milícia de Chaperó, sob sua gestão e de Toinho, cúmplices e colegas de batalhão.

A testemunha de acusação no processo da Operação *Freedom*, Jorge Silva da Nóbrega, policial militar integrante há mais de uma década do Grupo de Apoio a Promotorias (GAP) e do Centro de Segurança Integrada nas áreas de Nova Iguaçu, Itaguaí e Seropédica, corrobora o que relatam Moysés e Dufaz. Durante seus anos de trabalho, Nóbrega diz ter visto apenas uma operação da Polícia Militar contra a atuação das milícias na Baixada, liderada por um coronel do 24º Batalhão da PMERJ.

O PM acompanhou nas ruas aquilo que pesquisas e estudos revelam sobre a estruturação e o avanço das milícias. Quando começou a trabalhar em Itaguaí, em meados dos anos 2000, não havia, segundo ele, uma atuação preocupante da milícia na região. "Inicialmente, a presença da milícia em Itaguaí não chamou minha atenção, pois ela operava apenas em um único bairro." Mas isso mudou após o fim da Copa do Mundo, em 2014. Nesse momento, ele notou que a milícia se organizou e tomou praticamente toda a cidade muito rápido. "Não houve combate espontâneo por parte da Polícia Militar contra a milícia nesse período."

A suspeita de que alguns policiais da ativa estavam fechando os olhos para as atividades da milícia veio à tona em um levantamento realizado pelo agente do GAP. Diante disso, foram instaurados dois procedimentos: um voltado para desmantelar todo o grupo e outro específico para investigar os PMs que colaboravam com a organização criminosa. No entanto, essa segunda linha de apuração não avançou como esperado, pois o policial responsável pelo levantamento adoeceu repentinamente e veio a falecer. Como ele era a principal fonte das informações e deveria esclarecer todos os dados reunidos, o processo acabou se estendendo indefinidamente.

Apesar disso, a Operação *Freedom* permaneceu forte. A troca de informações com a Polícia Civil foi intensa, e o Ministério Público, que coordenava as prisões em flagrante, seguiu atuando por meio do GAP. Muitos comerciantes forneceram relatos e denúncias, embora, compreensivelmente, quisessem permanecer no anonimato.

Os levantamentos de inteligência do GAP começaram nesse ano decisivo de 2014. Desde então, Nóbrega percebeu mudanças na composição e nas áreas dominadas pela milícia. Inicialmente, a organização em Itaguaí, antes de ser absorvida pela Firma, era liderada por Passarinho, mas, nesse momento em que a milícia local passou a ser incorporada ao grande grupo, ele perdeu a liderança, assumida então por Bené e Toinho – este último tido como alguém de temperamento discreto. Os dois se conheciam desde o tempo de caserna e foram os responsáveis por replicar o modelo da milícia de Campo Grande em Itaguaí.[18]

De acordo com Nóbrega, não havia confiança suficiente na tropa para que informações sobre a milícia fossem fornecidas diretamente. Existiam relatórios de inteligência, mas ninguém estava disposto a depor formalmente contra os milicianos. Os colaboradores ajudavam apenas sob a condição de anonimato e se recusavam a comparecer em juízo. Diante dessas dificuldades, a produção de provas tornou-se essencial para deflagrar a ação penal.

A investigação ganhou fôlego com a prisão, em 2018, de Geday, que sofreu uma tentativa de assassinato ao tentar matar um rival na cidade de Mangaratiba e foi socorrido no hospital. A ocorrência foi registrada pelos agentes do 33º Batalhão da Polícia Militar, que cobre alguns municípios da Costa Verde do Rio. Um dos PMs que trabalharam na ação reconheceu Geday e, ao chegar à delegacia para os trâmites legais, comunicou à autoridade policial o fato. Da delegacia, policiais acionaram o GAP para confirmar sua identidade. Após o envio da foto, a confirmação foi imediata: tratava-se de Geday, miliciano da região. Com autorização judicial, obtiveram acesso ao conteúdo do celular apreendido e fizeram uma cópia dos dados antes de encaminhá-los para a perícia. O material revelou uma série de evidências que reforçavam seu envolvimento com a milícia, incluindo nomes, fotos e informações que coincidiam com dados previamente levantados pelo GAP.

Um grupo no WhatsApp chamado Texas deu o mapa da mina. Geday foi quem levou Dufaz para a milícia, pensando que o então traficante do CV seria uma boa contratação, pois conhecia favelas a que eles não tinham acesso e poderia, assim, ensinar tudo o que sabia sobre a geografia desses locais, facilitando o planejamento de ataques.

Para Nóbrega, a milícia em Itaguaí perdeu parte de sua característica inicial – a de fazer frente às facções ligadas ao tráfico de drogas – quando começou a recrutar ex-traficantes como Dufaz.

Isso de "perder sua essência" é algo que se ouve bastante sobre as milícias, de pessoas em funções e profissões diferentes. Breno,* colaborador da inteligência da PMERJ, disse que, com a entrada de traficantes em sua estrutura, a milícia mudou muito, porque "as culturas são diferentes". Eram. Agora estão bem similares.

> O atual miliciano é igual a traficante. Ele entra para o crime pelo mesmo motivo. Antes, mesmo que o miliciano tivesse o emprego estável, ele ganhava mal. Mas isso mudou. O salário é muito melhor, não é mais um pouco mais que um salário mínimo. Hoje acho que tem gente que já entra no concurso [para PM] pensando nisso.

O grupo investigado pela Operação *Freedom* tinha traficante, militar do Exército, policial, ex-policial e terrorista.

Geday e Dufaz eram companheiros de Diego Caldeira de Andrada Chaar, que também atendia pelos codinomes Americano e Alcaida – este último, uma referência ao grupo islâmico Al-Qaeda. Ele foi preso no início de agosto de 2018, acusado de extorquir comerciantes e atuar para a milícia em Itaguaí.

Diego havia passado quinze anos nos Estados Unidos, até ser deportado sob acusações de agressão, perseguição e ligação com o Estado Islâmico. Ele tinha 24 anos quando foi detido ao ofender frequentadores de uma sinagoga em Miami. Testemunhas relataram que ele teria gritado frases como "cabeças serão cortadas", entre outras intimidações. De volta ao Brasil, assumiu o papel de cobrança e de segurança armada na milícia, sob chefia de Bené e Toinho.

O MAL NECESSÁRIO

Carlos Eduardo Benevides e Antônio Carlos de Lima passaram no mesmo concurso para soldado da PM. Bené ficou em 78º lugar; Toinho, em 133º. A classificação saiu no boletim da PM de 11 de dezembro de 2002. Quando concluiu a escola de formação, Bené foi direto para o 27º Batalhão, em Santa Cruz – área que seus futuros colegas de milícia já dominavam. Toinho chegou a essa corporação em janeiro do ano seguinte, transferido do Batalhão da Gamboa, região central do Rio.

Em 2008, o nome de Bené já aparecia na lista dos indiciados por envolvimento com milícias do relatório da CPI das Milícias. Havia outros 217 nomes, 66 deles de policiais militares. Quatro eram do Batalhão de Santa Cruz. Na mesma relação, estavam também os nomes dos ex-PMs Luciano

Guinâncio Guimarães, filho de Jerominho, além de Ricardo Teixeira Cruz, o Batman, que liderou a Liga da Justiça em 2013. Batman havia sido expulso da polícia em 1992. Seu nome aparece logo abaixo do de Toni Ângelo, que também chefiou a Liga.

Nos relatórios da CPI das Milícias de 2008, o nome de Jerominho é citado 96 vezes; o de Natalino, 116; o de Luciano, quatorze; e o de sua irmã, Carminha, 31. O que não chega a surpreender, pois a relação direta do clã Guimarães com a origem das milícias é conhecida. A CPI das Milícias foi a primeira grande investigação sobre as atividades dos milicianos no Rio de Janeiro. Nomes que apareceram ali, há quase duas décadas, seguiriam na política, fazendo sucessores, ampliando seus negócios, suas conexões e alianças.

Os trabalhos da comissão foram conduzidos pelos deputados Marcelo Freixo, então do Partido Socialismo e Liberdade (PSOL), e Gilberto Palmares, do Partido dos Trabalhadores (PT). Eles foram presidente e relator da Comissão, respectivamente, durante cinco meses. Finalizado em novembro de 2008, o relatório final da CPI recomendava o indiciamento de 226 pessoas, entre políticos, policiais, agentes penitenciários, bombeiros e civis. O documento destacou a urgência de se fiscalizar e controlar o avanço das empresas de segurança privada, a responsabilidade dos empresários que exploravam concessões públicas legais e as franqueavam a milicianos, a falta de controle sobre armamentos, entre outros pontos.

O nome de Batman estava na lista. Ele havia fugido do presídio de Bangu, pela porta da frente, em 28 de outubro de 2008, em um episódio que revelou falhas graves no sistema carcerário.[19] A Polícia Civil indiciou seis agentes penitenciários que estavam de serviço no dia da fuga do criminoso. Em depoimento, um deles admitiu não ter solicitado a identidade do inspetor que retirou Batman da unidade prisional, justificando que isso "não era de costume", já que o controle de acesso era realizado por duas portarias anteriores, sendo uma delas da Polícia Militar. Diante do escândalo, a PM informou que não iria se pronunciar. Também em 2008 ocorreu o trágico episódio do sequestro e tortura da equipe do jornal *O Dia* por milicianos.

Em meio a essa comoção, a CPI para investigar a ação de milícias no estado do Rio de Janeiro, proposta inicialmente em fevereiro de 2007 por Marcelo Freixo, e que logo havia sido engavetada, foi finalmente aprovada quinze meses depois. Freixo apresentou o projeto após sofrer uma perda pessoal: seu irmão, Renato, fora assassinado em 2006 por milicianos que faziam a segurança do edifício onde morava, em Niterói. O início dos trabalhos começou em junho de 2008. Até então, as milícias quase não eram vistas como um problema, mas até mesmo com certa admiração por parte da sociedade. Prova disso é que os assassinos de Renato Freixo levaram quatorze anos para serem descobertos – tanto tempo que os crimes já haviam prescrito, e hoje eles estão livres. Com a CPI, no entanto, as milícias começaram a ser reconhecidas como um problema bem maior do que muitos imaginavam.

Flávio Bolsonaro, hoje senador da República, tentou legalizar as milícias em 2007, quando era deputado estadual.[20] Na época, aos 25 anos, ele era membro da Comissão de Direitos Humanos da Alerj e justificou sua proposição dizendo que o Estado não tinha "capacidade para estar nas quase mil favelas do Rio" e que conhecia lugares onde os trabalhadores faziam questão de "pagar R$ 15 para não ter traficantes". Ele foi um dos poucos deputados que votaram contra a abertura da CPI. O pai de Flávio, Jair Bolsonaro, que em 2008 era deputado federal, criticou o relatório final da CPI, dizendo que as milícias deveriam ser legalizadas. Em entrevista à BBC, ele afirmou:

> Elas oferecem segurança e, dessa forma, conseguem manter a ordem e a disciplina nas comunidades. É o que se chama de milícia. O governo deveria apoiá-las, já que não consegue combater os traficantes de drogas. E, talvez, no futuro, deveria legalizá-las.

Cerca de dois anos antes, em 2006, em plena campanha para o governo do estado, Eduardo Paes, hoje prefeito do Rio em seu terceiro mandato, elogiou a atuação das milícias. Os argumentos eram muito parecidos com os de Flávio Bolsonaro, de que o Estado não dava conta de conter o crime. Era preciso uma "forcinha". De 2006 para cá, a milícia cresceu quase 400%. Em 2022, Paes se desculpou por esse endosso durante participação no programa da TV Cultura *Roda viva*. Hoje, a milícia está presente em ¼ da cidade que ele governa.

Foi em meio a "apoios" como esses e a uma massiva aceitação popular que as milícias ganharam moral e territórios. Porém, após o sequestro e a tortura da equipe do jornal *O Dia*, o jogo virou. Pelo menos um pouco. Diante de manchetes de diversos jornais do país, a Ordem dos Advogados do Brasil (OAB), algumas entidades de imprensa e associações de defesa do jornalismo e dos direitos humanos cobraram respostas para o crime, considerado "um dos mais graves atentados à liberdade da informação no país desde o fim da Ditadura Militar", conforme destacava a nota do Sindicato dos Jornalistas Profissionais do Município do Rio de Janeiro.

Muito pouco ou quase nada foi feito desde a CPI. Mas, a partir dali, as milícias passaram a ser vistas de outro modo pela sociedade e pelo Estado. Na prática, o que se observou uma década após a CPI foi um enorme crescimento de empresas de segurança privada no Rio de Janeiro: atualmente, são 638, sendo 162 registradas em nome de 188 policiais militares, agentes penitenciários, bombeiros ou militares das Forças Armadas. E por que a tropa faria diferente se até o secretário de Segurança Pública prestava consultorias na área? O festejado José Mariano Beltrame, delegado da PF que foi secretário de Segurança Pública de 2007 a 2016, não dava o exemplo. Ele abriu uma empresa de consultoria em segurança em 2016, com a esposa.

No 27º Batalhão da PM, em Santa Cruz, também havia quem quisesse prestar os mesmos serviços. De fato, não há como falar sobre milícia sem entender o funcionamento desse batalhão. Foi lá que Cabo Bené fez carreira. Localizado em uma rua entre a BR-101 e a rodovia Ayrton Senna, que se estende da Barra da Tijuca a Santa Cruz, o 27º BPM está em frente a uma área verde onde parece impossível chegar a pé. Um local ermo, sem qualquer comércio nas proximidades.

Há duas histórias que ilustram muito bem o que é esse batalhão. Uma delas aconteceu em março de 2024, quando milicianos do bando do Zinho foram interceptados em uma ação coordenada das Polícias Rodoviária Federal, Militar e Civil, na avenida Brasil, no trajeto que liga Campo Grande a Santa Cruz.[21] Na operação, seis dos milicianos, que usavam coletes semelhantes aos da PM e da Core, foram baleados e nove presos.

Alguns dos detidos foram internados, sob custódia, no Hospital Municipal Pedro II, em Santa Cruz. Um deles, Jean Arruda da Silva, passou o aniversário de 27 anos

117

hospitalizado, mas não sozinho. Dois sargentos do 27º Batalhão, William da Silva Lima e Nilson Oliveira da Silva Junior, foram até o hospital para dar os parabéns ao colega. Em um vídeo amplamente circulado nas redes sociais, eles aparecem fardados, batendo palmas e cantando *parabéns para você* para o miliciano, diante de um bolo com vela e uma garrafa de Fanta uva. E isso não era uma brincadeira. Eles realmente estavam à vontade para celebrar e gravar. Os outros presos também hospitalizados faziam coro e batiam palmas com a pouca mobilidade permitida pelas algemas que os prendiam às macas. "Bate palma, Jean!", pede um dos PMs, enquanto o outro grava o vídeo.[22]

A outra história envolve a morte da cabo da PM Vaneza Lobão, fuzilada por homens encapuzados na porta de casa, em Santa Cruz, no fim de 2023, aos 31 anos. A agente era lotada na 8ª Delegacia de Polícia Judiciária Militar, uma unidade correcional da PM responsável pela apuração de crimes que demandam investigação especializada no âmbito militar e subordinada diretamente à Corregedoria Geral da PM. Vaneza era responsável por investigar cerca de quatrocentos policiais militares, dentre uma lista de aproximadamente mil suspeitos de atuar nas milícias e na contravenção, sobretudo na Zona Oeste.

Dois subtenentes da Polícia Militar foram presos como suspeitos do assassinato. Lotados no 27º BPM – lembrando, o mesmo de Bené e Toinho – e no 31º BPM – do Recreio –, os agentes fizeram várias pesquisas sobre Vaneza em bancos de dados oficiais. Eles queriam monitorar a policial, reunir informações sobre sua rotina e levantar seu endereço. O subtenente Leonardo Vinicio Affonso, do Batalhão de Santa Cruz, chegou, inclusive, a trabalhar com a vítima na 8ª Delegacia.

Formada em Direito, Vaneza ingressou na PM em 2013 e rapidamente se destacou. Pouco antes de ser assassinada, ela foi condecorada com o distintivo "Lealdade e Constância" pela PM. A policial foi morta com munições de pistola calibre 40 desviadas da PM. O lote foi comprado em 2009 e repassado ao 31º BPM, onde um dos agentes presos estava lotado.[23]

Essas são duas das muitas histórias que permitem entender um pouco mais do ambiente daquele batalhão onde o Cabo Bené serviu até ser expulso. Saindo do batalhão, é só pegar o retorno que vai em direção à avenida Ayrton Senna e virar à direita. Em onze minutos você chega ao centro de Itaguaí.

UMA HISTÓRIA LIGADA A OUTRA

Depois da superexposição das milícias com a CPI, muitos milicianos, até então afeitos aos holofotes, se recolheram. Como se diz no Rio, ficaram "no sapatinho". Esse é, inclusive, o nome do estudo que analisou a evolução das milícias nos anos seguintes à CPI, mais especificamente entre 2008 e 2011, o qual constatou que, nesse período, eles permaneceram "na encolha", mas ativos.[24]

A rejeição da opinião pública, as condenações de alguns agentes e as prisões de milicianos mudaram a estrutura de ação do grupo, desmantelando, inicialmente, a empreitada política do grupo de maior expressão, a Liga da Justiça. A prisão dos irmãos Guimarães em 2007 foi um baque. Com o recálculo da rota, os paramilitares começaram a apostar em candidatos desconhecidos. As pequenas milícias prosperaram. Quem vivia em áreas sob controle das forças milicianas, pouco ou nada sentiu. Foram anos agindo de forma mais discreta até que, em 2018, as milícias voltaram à cena, estampando as capas dos jornais do país e também do mundo.

No intervalo entre a Copa do Mundo de 2014 e as Olimpíadas de 2016, sediada no Rio de Janeiro, Itaguaí foi tomada pela milícia de forma avassaladora e passou de uma célula local comandada por Passarinho para uma franquia da Firma, comandada, de início, por Bené e Toinho, assumindo grande importância dentro da organização liderada por Ecko. O fortalecimento dessa estrutura criminosa, a partir de 2014, elevou Bené à liderança local e ele, mesmo muito violento, era leal. Com a prisão de Toni Ângelo em 2014, a chefia geral foi assumida por outro policial militar, o Gão. Seu tempo no comando foi curto. A Polícia Civil estava intensificando suas investigações e acabou o localizando e prendendo. Em pouco tempo, surgiram rumores de que a própria milícia o teria delatado às autoridades, e todas as suspeitas recaíram sobre Passarinho, que estava em ascensão dentro da organização e tinha interesse em consolidar seu poder.

Ele mantinha um esquema de pagamentos a policiais para garantir o fornecimento de mão de obra e armas quando necessário, além de contribuir financeiramente para a estrutura maior da milícia em Campo Grande e Santa Cruz, sob o comando de Toni Ângelo e Gão. Quando Gão foi preso, a cúpula da organização se reuniu e concluiu que haviam sido traídos por Passarinho. Como resposta, foi expedida uma ordem para que ele fosse eliminado.

Passarinho desapareceu repentinamente. Já havia um mandado de prisão em aberto contra ele havia mais de seis meses, mas a polícia não parecia empenhada em capturá-lo, me confidenciou uma fonte. Surpreendentemente – ou estrategicamente –, ele próprio decidiu se entregar. Apresentou-se na PRF, na rodovia Rio-Santos, em 31 de maio de 2016, e alegou querer cumprir sua pena. Já havia sido preso em 2009, denunciado por envolvimento com a milícia, e expulso da PM em 2012. Algumas informações indicavam que Passarinho teria fugido para o Paraguai antes de se entregar, mas o que realmente se confirmou foi o alerta de Bené, que o avisou de que tinha ordens para matá-lo. Não queria fazê-lo, mas, se Passarinho não sumisse, seria ele a ser executado. Bené poupou a vida do comparsa, mas nunca revelou isso à cúpula da milícia.

Passarinho permaneceu preso de 2016 até 2021 ou 2022. Durante esse período, a chefia da organização passou para Toinho e Bené. Sem uma liderança central clara, Bené se destacou pela violência e pela disciplina com que conduzia suas operações. Ele era temido, mas também respeitado dentro da milícia. Sabia montar estratégias, treinar sua tropa e manter o grupo sob controle. Era, agora, chefe na Firma.

Passava das 21h do dia 14 de março de 2018 quando a realidade das milícias começou a mudar novamente.[25] Naquela quarta-feira, a vereadora Marielle Franco, a quinta mais votada da cidade, e seu motorista, Anderson Pedro Gomes, foram mortos a tiros no Estácio, bairro da região central do Rio de Janeiro, após cumprir o último compromisso de sua agenda de trabalho do dia. Os dois foram atingidos fatalmente com o carro em movimento. Marielle, com quatro tiros na cabeça. Anderson, com três nas costas. Precisão de profissional. A assessora de Marielle, Fernanda Chaves, que também estava no carro, escapou do atentado.

A impressão que se tem é que os milicianos não calcularam bem a repercussão desse crime. Cerca de mil nomes foram pesquisados por eles ao longo de quase dez anos, até escolherem o de Marielle.[26] Essa era uma das funções de Ronnie Lessa, ex-policial militar do Bope, reformado em 2010, autor confesso da morte da vereadora. Ele pesquisava nomes de pessoas que tinham algum destaque, seja como políticos ou até atletas, desde que fossem politicamente ativos. Uma das fontes que ouvi na polícia me confidenciou a suspeita de que Marielle não era um alvo previamente planejado e escolhido, mas oportunamente marcado. Era uma decisão política em um ano em ebulição no Rio, que enfrentava uma intervenção militar na segurança pública, a qual, aliás, quase nada fez a respeito do crime. A vereadora era opositora ferrenha da medida e estava em evidência.

O assassinato gerou protestos em todo o país, manifestações de entidades oficiais e de classe, atos internacionais e uma comoção raramente vista. A pergunta "quem matou Marielle e Anderson Gomes?" passou a ser repetida em várias línguas durante muito tempo. Ela seria respondida, em parte, um ano depois, quando Ronnie Lessa foi preso como principal suspeito da execução do crime. Lessa fez acordo de colaboração premiada e confessou ter puxado o gatilho.

Ao longo das investigações do caso, nomes de milicianos iam aparecendo, e as conexões com políticos e poderosos ficavam cada vez mais claras. A partir de então, os brasileiros passaram a conhecer o nome de ao menos um miliciano. Os trabalhos em torno do caso revelaram detalhes do funcionamento de uma rede de autoridades por trás do crime. Em cinco anos de apuração, foram citados integrantes das Polícias Civil e Militar, da Câmara dos Deputados e do Tribunal de Contas do Estado do Rio. Nomes do Senado e da Presidência da República não ficaram de fora. O Ministério da Justiça deu a investigação por encerrada em março de 2024, cinco anos após o crime.

Considerado um exímio atirador, Lessa tinha ficha limpa, mesmo com todo seu envolvimento com o jogo do bicho e mortes por aluguel. Era frio, ágil e resolvedor de problemas.[27] Fazia parte de um grupo de matadores,[28] o Escritório do Crime, chefiado pelo ex-PM Adriano da Nóbrega, morto em fevereiro de 2020 na Bahia, em uma operação policial um tanto quanto suspeita.[29] Os laudos de duas necropsias apresentam contradições em relação à versão dos policiais militares que participaram da ação. Uma das análises aponta que um dos disparos o atingiu quando ele já estava deitado, o que contraria a tese de confronto. As divergências levaram o MP da Bahia a solicitar mais informações sobre as circunstâncias da morte.

Lessa e Adriano passaram juntos pelo curso de formação do Bope e atuavam como seguranças de famílias de bicheiros. Disputando entre si esse filão, eles deixavam a rivalidade de lado e se uniam para eliminar alvos em comum.[30]

Antes de ser morto, Adriano era o homem mais procurado do Brasil, desde a execução de Marielle Franco. Ele era visto por colegas como um policial exemplar, muito corajoso. Por essa controversa bravura, recebeu a maior honraria do estado, a medalha Tiradentes, em 2005, enquanto estava na prisão, sob suspeita de assassinato. A ideia da homenagem partiu daquele mesmo jovem deputado que defendeu as milícias, quando toda a Alerj votava pela investigação dos grupos, e que hoje é senador da República, Flávio Bolsonaro.

Sérgio Ramalho, experiente repórter e autor da biografia de Adriano,[31] como já mencionado, teve acesso a alguns detalhes sobre o militar depois de sua morte. Ele tentou, durante muito tempo, falar com a família e com Júlia Mello Lotufo, companheira de Adriano por dez anos. Todos sempre recusaram. Depois da publicação do livro, eles mantiveram longas conversas por meio das quais Ramalho conseguiu entender mais características do matador.

Adriano via Lessa de forma inferior e costumava chamá-lo de "alcoólatra fanfarrão". Lessa tinha um certo temor de Adriano, algo que Ramalho ouviu também de outras pessoas ao escrever o livro. Ele lembrou ainda que "Lessa tinha outra questão, além do alcoolismo. Ele também tinha o uso de cocaína desenfreada. Isso relatado em um documento da própria Polícia Militar".[32] Ramalho, inclusive, pontua o quanto Lessa emagreceu na prisão, onde está desde março de 2019,[33] e diz que "a cadeia fez muito bem para ele: está atualmente limpo, magro e com aparência saudável".

Depois do episódio envolvendo Marielle, Ramalho apurou que Adriano ordenou que Lessa saísse de Rio das Pedras, bairro da Zona Oeste do município do Rio, divisa com os bairros de classe média alta Itanhangá e Jacarepaguá. Adriano estava com raiva porque Lessa vinha negociando execuções por fora. Mas ele não exigiu que a família do ex-aliado fizesse o mesmo. A esposa de Lessa tinha uma academia no bairro, onde continuou trabalhando, sem nunca ser incomodada, o que, para Ramalho, demonstra uma certa ética entre eles. Mas, como Ramalho fez questão de frisar, "ainda assim, Adriano jamais respeitou Lessa – nunca, em nenhum momento".

Os dois matadores não eram parceiros, mas agiam como aliados quando necessário. Adriano sempre foi uma pessoa extremamente pragmática. Tudo o que Ramalho ouviu sobre ele revela alguém muito calculista. "Talvez essa característica tenha sido o que o tornou tão emblemático entre seus pares."

MAIS CONEXÕES

Com a polícia, a milícia e o jogo do bicho, falta apenas um elo para fechar o cinturão da criminalidade no Rio: o tráfico. Retomemos alguns pontos. Até se tornar uma liderança na milícia, Carlinhos Três Pontes, irmão mais velho de Ecko, era traficante. Amigo de Arafat, chefe da facção Amigos dos Amigos, entre os anos de 2015 e 2016 ele foi fundamental para que a milícia expandisse suas atividades para áreas dominadas pelo tráfico, numa espécie de consórcio ou aliança. Após a morte de Carlinhos Três Pontes, em 2017, seu irmão Ecko assumiu o grupo, que, então, muda de nome. Sai A Firma, entra Bonde do Ecko.

Um dia, os caminhos de Ecko e Adriano se cruzaram. Em 3 de fevereiro de 2018, o ex-capitão do Bope pretendia matar o contraventor Marcelo Diotti da Matta durante sua festa de aniversário, em sua casa na Barra da Tijuca. Posicionado com um fuzil de precisão, Adriano abortou a missão ao identificar que, entre os convidados, estava o miliciano Ecko. A presença de Ecko levou Adriano a reconsiderar o ataque, temendo um confronto direto com outro miliciano, cujas habilidades e cujo poder de fogo ele respeitava.

As investigações revelaram que Matta entrou no radar do Escritório do Crime após a descoberta de que ele estava planejando assassinar Adriano. Matta estava envolvido na exploração de máquinas caça-níqueis no bairro de Campo

Grande, reduto de Ecko na Zona Oeste, e tinha a intenção de expandir suas atividades para a Gardênia Azul, outro bairro da região onde já havia adquirido um depósito de gás. No entanto, foi morto pouco depois, no mesmo dia do assassinato de Marielle Franco.

A aliança entre Ecko e Adriano marcou uma nova fase para as milícias, alterando a configuração do crime organizado no Rio e abrindo caminho para expansão e prosperidade das atividades milicianas na cidade. Essa aliança alterou a base da pirâmide hierárquica da milícia. Antes atuando de maneira independente e sem articulação entre si, os grupos paramilitares das Zonas Oeste e Norte passaram a operar em conjunto. A parceria transformou antigos concorrentes em aliados estratégicos, permitindo ataques coordenados a favelas controladas pelo tráfico e fortalecendo a defesa de seus próprios territórios contra facções rivais.

Com essa junção de forças, Ecko fechou acordos com pequenas milícias locais, que mal tinham condições para enfrentar traficantes. Na nova configuração, elas entraram para as fileiras da poderosa Firma, como quando grandes empresas absorvem negócios locais, pintam os estabelecimentos e colocam novos letreiros para avisar que o estabelecimento está sob nova direção.

Isso foi o que aconteceu em Itaguaí, quando uma milícia local foi incorporada à estrutura maior da Firma de Ecko. Foi quando Bené passou de miliciano regional a líder de uma franquia muito poderosa. Ágil e muito bom em planejar ações, Cabo Bené foi incumbido de ajudar a replicar esse modelo.

Assim, milicianos da Baixada ficaram fortes com o reforço de armas e soldados, e traficantes já não tinham mais tanto poder de fogo. As milícias seguem em constante transformação, mas nunca abandonam sua função primária: exterminar.

***

Como a história nos mostra, um miliciano geralmente surge dentro das próprias estruturas do Estado, em especial das forças de segurança. É ali que recebem todo o treinamento. A trajetória criminosa muitas vezes começa com policiais que, no início, atuam como "justiceiros", convencidos de que estão protegendo a comunidade onde moram e combatendo o crime, como contou Jerominho sobre Campo Grande. Mas essa atuação se transforma em uma forma degradada de controle armado e exploração econômica, marcando a transição para a milícia como conhecemos hoje, cujo ponto de partida foi a Liga da Justiça, que, como vimos, foi criada pelos irmãos Jerominho e Natalino em meados dos anos 1990.

Sem qualquer resistência real às suas ações, os milicianos seguem avançando e ampliam seu poder e sua influência. Ao perceberem que podem lucrar cada vez mais sem oposição, eles vão dobrando a aposta, aumentando as exigências, expandindo operações e consolidando ainda mais o controle sobre os territórios que dominam. No entanto, a razão que explica a entrada para a milícia pode variar, dependendo de quem responde à pergunta: como nasce um miliciano?

Com larga experiência em pesquisas no campo da segurança pública e também em cargos públicos, como secretário nacional de Segurança Pública (2003), subsecretário de Segurança e coordenador de Segurança, Justiça e Cidadania do estado do Rio (1999-2000), o antropólogo Luiz Eduardo Soares acredita que a decisão de entrar para a milícia é gradual. Ele observa a existência de uma linha que vai de Capitão Nascimento, do filme *Tropa de elite*, que ele classifica como justiceiro por ter ainda um senso do certo e errado e de moralidade, até o momento em que isso se perde e a sede pelo poder vence. Tudo começaria, portanto, com o intuito de trabalhar pelo bairro onde mora e oferecer proteção local. O sujeito começa explorando os vizinhos e vai expandindo o modelo até se juntar com outro grupo ou eliminar concorrentes. Para Soares, o miliciano é a deterioração do justiceiro.

A vontade de fazer justiça com as próprias mãos acaba sendo determinante nesse processo. Na ficção, Nascimento quebra algumas regras e comete certas ilegalidades, mas deixa claro que repudia a corrupção. Ele só mata quem "merece" morrer. Já na vida real, o miliciano perdeu qualquer medida e cruzou essa fronteira, atraído pelas possibilidades de ter sempre mais negócios, mais lucro, mais poder. O ex-capitão do Bope Rodrigo Pimentel, que assina o livro *Tropa de elite* com Luiz Eduardo Soares, concorda que dinheiro e autoridade são os aspectos principais de atração da milícia. Professor de Adriano da Nóbrega na academia de polícia, Pimentel acrescenta mais uma camada à reflexão: a ausência do Estado, tanto em termos de segurança quanto de serviços básicos.

Ele me contou uma conversa que teve anos atrás com um colega policial que morava no bairro de Realengo e decidiu investir no transporte alternativo. Esse colega comprou uma van e começou a operar na linha de ônibus 383, que fazia o trajeto praça Tiradentes-Realengo. Todos os dias, ele acordava cedo, encostava a van na praça de Realengo e lotava o veículo antes de seguir para o centro da cidade. Como era policial militar, percebeu que conseguia voltar e repetir o trajeto antes de o expediente começar. Com o tempo, o negócio se mostrou lucrativo. Certo dia, confidenciou ao ex-caveira: "Pimentel, o negócio tá muito bom. Faço três viagens na ida, três na volta. Vou comprar mais uma van. Vou colocar meu irmão para dirigir uma, meu cunhado outra." Pouco depois, já operava com três vans e comprava a quarta, convencido de que havia encontrado uma oportunidade de renda extra.

O problema veio quando o negócio cresceu demais. A demanda era tão alta, que ele começou a disputar passageiros com a linha oficial 383, e os clientes preferiam suas vans. Isso chamou a atenção de outros motoristas, e um deles resolveu se estabelecer no mesmo ponto: "Onde tem quatro vans, cabe uma quinta." O que começou como uma competição comercial logo escalou para um confronto violento, que terminou com lesões graves e quase um homicídio. O colega de Pimentel acabou condenado.

O caso aconteceu em 1996. Na época, ainda não existia um esquema de milícia estruturado como conhecemos hoje, mas já havia policiais militares operando pequenas máfias no transporte alternativo. Pimentel comenta que "o controle do território era determinado pela ausência do Estado e pela precariedade do serviço da linha 383, onde os passageiros viajavam espremidos e em pé".

Na conversa longa que tivemos durante uma tarde inteira sentados em um café, Pimentel, que conhece muitas histórias sobre a polícia e o Rio de Janeiro, falou de todo o complexo contexto da segurança pública no Rio, das guardas municipais ao STF, da geografia da cidade, dos grandes e pequenos esquemas de corrupção. Tudo o que Pimentel ia comentando foi sendo desenhado na minha cabeça e fazia cada vez mais sentido à medida que eu me lembrava de notícias de anos atrás que parecem se repetir de tempos em tempos.

Uma delas é sobre oficiais da PM do 14º Batalhão, em Bangu, que cobravam propina até para a empresa transportadora que entregava eletrodomésticos na casa de clientes. Quem circulasse por Bangu tinha que pagar propina ao batalhão da área.[34] Foram tantos escândalos sobre o mesmo batalhão, que o MPRJ determinou uma operação para desarticular a quadrilha do 14º BPM.[35] Um dos policiais presos na Operação Propina S.A. fez uma delação premiada e contou que o Estado-Maior da PM recebia R$ 15 mil mensais de cada batalhão.[36] O comandante-geral da corporação e os integrantes do Estado-Maior foram investigados.[37]

O Ministério Público identificou ao menos três imóveis de alto padrão ligados ao coronel Alexandre Fontenelle Ribeiro de Oliveira, ex-comandante das tropas de elite da Polícia Militar, preso em setembro de 2014 sob a acusação de liderar um esquema de propina na área do Batalhão de Bangu. O patrimônio encontrado pelos promotores somava cerca de R$ 4 milhões – o equivalente a mais de R$ 7 milhões em 2025 – e incluía uma casa de praia com piscina, uma cobertura espaçosa de mais de 300 m² e outro apartamento. Em 2018, ele e a irmã, Maria Paula Fontenelle, foram condenados à prisão por lavagem de dinheiro na compra de imóveis. Ou seja, corrupção do chão ao topo. E assim é possível entender várias coisas.

Inclusive isso confirma o que os delegados Carlos Alexandre e Moysés Santana apontaram em seus depoimentos na Operação *Freedom*: não é possível contar com a PM em investigações sobre milícia. Corrupção, conivência das polícias e de parte do poder público, ausência do Estado, sede de poder e de dinheiro. Essas são algumas das razões que podem favorecer o nascimento de um miliciano. Mas não são as únicas.

Em uma das minhas idas à Barra da Tijuca – bairro carioca onde não coincidentemente mora boa parte das pessoas que ouvi para escrever este livro –, conversei com Marcelo Borges Barbosa, um ex-juiz que reintegrou dezenas de PMs expulsos da corporação e foi aposentado compulsoriamente em 2021. Ele segue negando as acusações de que usava o tribunal para beneficiar milicianos. No encontro, explicou sobre a morosidade dos processos na Comarca de Mangaratiba, Costa Verde do Rio, e falou sobre algumas rixas com colegas que podem tê-lo prejudicado.[38]

Era uma manhã de quarta-feira, logo após as festividades de fim de ano, quando fui até a Barra. Entre uma conversa e outra com fontes, parei para almoçar de frente para o mar, na avenida Lúcio Costa, que se estende da Barra ao Recreio dos Bandeirantes costeando as praias. O dia estava belíssimo, quente e úmido. Só mais um janeiro no Rio. Almocei em um dos muitos restaurantes na orla enquanto fazia as anotações do papo que acabara de ter com um policial. A poucos metros dali, estão dois pontos da cidade que ficaram muito conhecidos nos últimos tempos: o condomínio de casas luxuosas Vivendas da Barra, no nº 3100, e o Hotel Windsor, no nº 2630.[39] Pertinho um do outro. A fama dos dois lugares é unida pela milícia.

No Vivendas, moraram o ex-PM Ronnie Lessa – o assassino confesso de Marielle Franco –, nas casas 65 e 66; o ex-presidente da República, Jair Bolsonaro, na casa 58; e seu filho, o vereador Carlos Bolsonaro, na casa 36. Três casas s pararam o então lar de Lessa da casa do ex-presidente.[40] Já o Windsor ganhou as capas de jornais quando três médicos de São Paulo foram executados no quiosque em frente ao hotel.

Marcelo Borges Barbosa, agora advogado, entende muito de milícia, não apenas por seu trabalho como juiz, mas também porque nasceu e cresceu em uma região onde a atuação da milícia é o novo normal. Segundo ele, a questão de o dinheiro ser atrativo para entrar para a organização criminosa é bem relativa, já que os policiais podem ganhar, além do salário, o valor que fazem com os bicos autorizados, chamados de Regime Adicional de Serviço (RAS), um penduricalho criado para remunerar o serviço dos agentes de segurança em dias de folga ou férias, complementando o salário – mas sem contar na aposentadoria. Em 2024 os valores variavam em média de R$ 300 a R$ 600, a depender do turno de trabalho, que pode ser de seis a doze horas.

Isso é mais do que André Vitor de Souza Corrêa, o Dufaz, ex-miliciano que entregou todo mundo e acabou morto, recebia em 2019 pelo trabalho no crime. Apesar dos cinco anos de diferença, não mudou muito. Há milicianos pé de chinelo ganhando menos de R$ 500 por semana. Esse é um salário menor do que muita gente ganha como trabalhador de carteira assinada. Então, por que alguém se arriscaria em uma função perigosa por tão pouco?

Sérgio,* um miliciano que participou, assim como eu, de *Relatos do front*,[41] série documental do Canal Brasil sobre segurança no país, do diretor Renato Martins, disse que recebeu vários convites para entrar na milícia do seu bairro. Negou durante muito tempo, mas um dia o calo apertou. Após mandar vários currículos e não conseguir emprego, resolveu aceitar. Assim como Capitão Nascimento, ele não gostava de vagabundos, logo o tráfico não era uma opção. Isso é dito com a naturalidade de quem cresceu vendo grupos armados disputarem a região onde morou: "Desde criança cresci cercado por isso. Nossa casa estava no meio de tudo, convivendo com o extermínio e com pessoas envolvidas nesse ambiente." Ele explica que foi preciso lutar para sobreviver, mas que tinha boas características como pessoa. Sem vícios, não bebe, não fuma, mas precisava "levar o pão para casa" e alimentar os quatro filhos.

A história é bem parecida com a do Nem da Rocinha. No livro *O Dono do Morro: um homem e a batalha pelo Rio*,[42] de Misha Glenny, é possível compreender todas as minúcias que levaram o supervisor de equipes da empresa de TV a cabo NET, Antônio Bonfim Lopes, a se tornar o dono da Rocinha, onde nasceu. Em alguns anos, ele ficou conhecido como um dos maiores traficantes de seu tempo.

A vida com a esposa e a filha Eduarda era difícil, apertada, mas eles iam levando. Isso mudou quando Eduarda, aos nove anos, foi diagnosticada com histiocitose X, uma doença rara que afeta uma em cada 200 mil pessoas. Até chegar ao diagnóstico, pai e mãe precisaram largar os empregos para peregrinar com a criança por consultórios e hospitais. No fim, tinham uma dívida de R$ 20 mil e pegaram um empréstimo com Lulu, o dono da favela no início dos anos 2000. Nem se viu sem saída e pagou o traficante com a expertise em logística que acumulou com o trabalho na empresa de TV a cabo. "O que você faria em meu lugar?",[43] ele respondeu quando questionado se havia algum arrependimento por entrar para o tráfico. Após rodar a cidade trabalhando e depois buscando tratamento para filha, Nem foi coroado líder do tráfico local. Desde então, pouco saía da favela, até ser preso em 2011.

Mas há uma diferença muito grande que separa um traficante de um miliciano. E ela é resumida na frase do ex-juiz Marcelo Borges: "Miliciano não precisa ter vergonha. Ele circula por toda a cidade." Assim como o bicheiro. Daniel

Hirata, sociólogo e exímio pesquisador sobre polícia e assuntos correlatos, acredita que muito miliciano sonha se tornar bicheiro um dia, "porque o bicheiro é o criminoso respeitável no Rio de Janeiro". E essa afirmação evoca novamente a figura de Adriano da Nóbrega, que tinha o bicheiro Capitão Guimarães como ídolo e trabalhou muito tempo nessa seara da contravenção. "Não sou miliciano. Sou bicheiro!",[44] Adriano da Nóbrega repetia sempre que podia. O ex-PM do Bope fazia questão de sublinhar sua linhagem quando seu nome aparecia associado às milícias.

O respeito e o glamour de circular pelas festas do Copacabana Palace[45] e ser recebido nos grandes salões cariocas apenas os bicheiros conseguiram. Com o dinheiro que ganharam na ilegalidade, muitos criaram filhos playboys que estudam em escolas de elite,[46] namoram garotas que são capas de revista[47] e dão sequência aos negócios de família. Não que isso seja novidade. Eles sempre estiveram nas fotos das finadas colunas sociais, e o documentário *Vale o escrito*, já mencionado aqui, reforça essa imagem de empresários do bem que às vezes escorregam entre um negócio e outro, e assim, sem querer, cometem uma ilegalidade ou matam alguém. São mais motivos para ingressar nessa carreira, que pode ser promissora – ou não. Isso não há como prever.

O MILICIANO NÃO NASCE, ELE SE TRANSFORMA

Bené não deu a sorte de ser um miliciano que conseguiu migrar para o bicho ou ficou rico. Morreu aos 39 anos, tendo circulado muito pouco fora da Zona Oeste do Rio. Mas por que um homem comum, de família pobre, que prestou um concurso público concorrido, começa a cometer crimes até virar o braço direito do líder daquela que foi a maior milícia do Rio?

Uma coisa é certa: ele ingressou numa carreira com uma "ambiência favorável" para se tornar um miliciano. Wanderby Medeiros, coronel e ex-corregedor da PMERJ, foi quem me cantou essa expressão. Isso para frisar que o miliciano não nasce, ele se transforma. Medeiros conta que nas academias militares não se ensina como se tornar corrupto ou assassino – "muito ao contrário, acredite" –, mas, por vezes, fatores que ele cita, como o ambiente interno, a necessidade de aceitação em determinado grupo e a vontade de ganhar dinheiro, "tendem a ser mais fortes do que as balizas éticas e morais" resguardadas na legislação que rege a atividade da PM.

Como vimos, Carlos Eduardo Benevides e Antônio Carlos de Lima entraram no curso de formação de soldados da PM no mesmo ano, 2002, ficariam conhecidos, pouco tempo depois, como Cabo Bené e Toinho, dividindo a liderança da milícia de Itaguaí.

Assim que se formaram como policiais, Toinho foi para o 5º BPM, um dos batalhões mais bonitos do Rio, na praça da Harmonia, na Gamboa. A área, completamente revitalizada pelas obras do projeto Porto Maravilha, é uma das preferidas dos foliões que amam o Carnaval de rua do Rio. O edifício do batalhão, projetado pelo arquiteto Heitor de Mello em 1908, foi restaurado em 2022.[48] Já Bené servia no 27º BPM, em Santa Cruz. Toinho foi transferido para lá em 2003, quando passaram a trabalhar juntos. Legalmente isso durou pouco, já que Bené foi expulso da PM em 2009. Mas, na milícia, foram companheiros até a morte de Bené, mais de dez anos depois.

Foi Toinho que levou o amigo a ter o primeiro problema com a corregedoria da PM. Em 2009, Bené foi expulso da corporação após ser preso por policiais civis num bar em Campo Grande. Ele portava uma pistola da marca Taurus, calibre 9 mm – ilegal e de porte restrito –, que havia comprado de outro soldado, lotado no 22º BPM, localizado na Linha Vermelha, na altura do Complexo da Maré. Além da arma, ele tinha uma autorização expedida pela PM para conduzir viaturas oficiais, sem qualquer assinatura de quem autorizou. A carteira de motorista também era falsa.

Em depoimento à corregedoria, Bené disse que a carteira era fruto de uma brincadeira de seu colega de farda Toinho, que teria confeccionado uma Carteira Nacional de Habilitação (CNH) falsa em seu nome. Disse que "em momento algum a apresentou como documento oficial". Sobre a arma, ele explicou que precisava dela para proteger a si mesmo, a esposa e os dois filhos, que moravam à época na favela do Rollas, em Santa Cruz, e alegou dificuldades financeiras para comprar uma legalmente. Hoje a favela também é conhecida como favela do Rodo, já que os traficantes não gostavam do nome – e aqui cada um imagina por quê. Fato é que a favela foi reduto de traficantes vindos de áreas pacificadas, como Complexo Alemão, Manguinhos, Mandela, Jacaré e Cidade de Deus.

A corregedoria não comprou a história. No Boletim da Polícia Militar nº 34, publicado em 24 de agosto de 2009 – quase um ano depois –, a Comissão de Revisão Disciplinar anunciou a decisão de afastar Bené de suas atividades na PM. Para isso, alegaram que haviam sido apresentados "argumentos frágeis e inconsistentes" pela defesa do policial, que "estava na posse de uma arma irregular de uso restrito, não autorizado, e cuja propriedade alega ser de um policial militar falecido no dia 2 de junho de 2008, conforme certidão de óbito, dois dias anteriores ao fato". Arrematando a decisão, a comissão disse que "não há de se justificar a posse de uma arma irregular com a alegação de dificuldades financeiras ou por residir em área de risco".

Na mesma decisão, o parceiro Toinho foi punido com a perda do Documento de Razões de Defesa (DRD) – um instrumento que a administração militar dá ao PM, antes do inquérito, para que ele se defenda de uma transgressão disciplinar –, pela brincadeira de forjar uma carteira de habilitação para o colega. Para ele, a vida seguiu. Coisa que só mudaria em agosto de 2018, quando foi preso pela Corregedoria por envolvimento com a milícia.[49] Pouco antes de sua prisão, foi descoberto um plano para matar o comandante do Batalhão de Santa Cruz, que estaria incomodando a milícia local.[50] Toinho foi expulso da PM quatro anos depois. Ao todo foram dezessete anos na ativa. As primeiras informações sobre a ação da milícia em Itaguaí são de 2008, um ano antes da expulsão de Bené da PM.

O que o coronel e ex-corregedor Wanderby Medeiros diz sobre as academias de polícia é reiterado pelo Sargento Silva, codinome de um ex-policial que assina o livro *Oficiais do crime: como funciona a corrupção estrutural na elite da PM do Rio*,[51] com jornalista Sérgio Ramalho, autor da biografia de Adriano da Nóbrega. Silva narra que, quando chegou ao Centro de Instrução da PM e conheceu os professores, ficou ressabiado. Eram policiais antigos, com muita história para contar e "muitos crimes nas costas".[52] No curso de formação, curiosamente, diz ele, "os piores policiais eram mandados para lá", para ensinar os novatos a serem "policiais de verdade".[53] O bom policial é visto como fraco e tratado com desdém.

Apesar dessa experiência inicial, o Sargento Silva conta que o processo de aprovação de um policial é bem rígido. A avaliação psicotécnica – chamada por muitos policiais de "psicodoido" – é uma fase temida do concurso, porque "a polícia precisa se certificar que não está admitindo nenhum psicopata em seus quadros"[54] e, realmente, barra muita gente ali. O exame toxicológico também é uma peneira fina. Os candidatos que chegam a essa fase carecas e totalmente depilados, até mesmo sem sobrancelhas – para evitar a coleta de amostra de pelos e assim driblar a detecção do uso de qualquer substância –, são sumariamente cortados. Passadas essas fases, tem gente que ainda cai na pesquisa social, na qual são levantados problemas de conduta, ficha criminal e tudo mais que um vizinho puder contar de sua vida e que não seja muito abonador.

Com base no que Silva narra sobre essas fases do concurso, é impossível não se perguntar onde é que as coisas se perdem entre uma seleção que parece ser tão criteriosa e o que vemos nas manchetes de jornais.

No centro de formação, Silva aprendeu que "só os safos sobrevivem" – e isso não se refere a técnicas de sobrevivência, é sobre a afirmação "todo golpe é válido, desde que você não seja descoberto", um dos primeiros ensinamentos que recebeu na academia. Isso vinha acompanhado de uma reflexão importante sobre o que a sociedade espera do policial que tecnicamente tem a função de servi-la e protegê-la. A sociedade quer um policial honesto e comprometido com a lei, mas como isso pode ser possível se os recrutas são treinados por policiais que estão dando aula como punição, respondendo a inquérito e torturando os alunos? Essa pergunta martelava na cabeça de Silva. Depois de alguns meses, os alunos saem do quartel-escola "com valores distorcidos, tornando-se máquinas de guerra". Não saem policiais. Saem soldados.

A descrição de Silva casa com o relato de Rafael, personagem do livro *Como nascem os monstros*,[55] do ex-PM Rodrigo Nogueira. Preso desde 2009, ele foi condenado por furto qualificado, extorsão mediante sequestro, atentado violento ao pudor e tentativa de homicídio triplamente qualificado, e escreveu um "romance de não ficção" no qual explica como nascem os monstros, ou os maus policiais.

Em entrevista à Agência Pública, Nogueira diz que, em sua turma do Centro de Formação e Aperfeiçoamento de Praças (Cfap), de dez que se formaram com ele, "nove jamais pensaram que passariam por um processo de desumanização tão grande". E ele explica como isso acontece:

> O camarada começa a ver um pivete levando choque, spray de pimenta no ânus, no escroto, dentro da boca e não sente pena nenhuma. Pelo contrário, ele ri, acha engraçado. E tem um motivo: nesse momento que o mais antigo pega o pivete e começa a fazer isso, se você ficar sentido, comovido por aquela prática, pode ter certeza que vai virar comédia no batalhão, vai ser tido como fraco. Vai ser tido como inapto para o serviço policial. E aí você vai começar a ser destacado, a ser visto como um elemento discordante desse ideal que a tropa criou.[56]

Segundo o ex-PM, é assim que os recrutas vão sendo refinados e selecionados para suas funções e batalhões. "Se você é duro, você vai trabalhar na patrulha, no GAT [Grupamento de Ações Táticas], na Patamo [Patrulhamento Tático Móvel]." Com base no relato de Nogueira, podemos ter uma ideia sobre a formação dos policiais da Patamo 500 – grupo que ganhou status quase mítico dentro da PM nos anos 1990 com ações que resultavam em muitas mortes e de onde saíram nomes como Ronnie Lessa – que foram moldados para serem exatamente daquele jeito.

> O monstro é uma metáfora desse processo de desumanização pelo qual o camarada passa na lida diária do trabalho. Por mais que o cara tenha tendências homicidas, seja violento, tenha caráter duvidoso antes de entrar na Polícia Militar, quando ele entra isso tudo é potencializado. É a hora disso extravasar.

E isso é o que as pessoas comuns querem, esperam ou toleram.

> O PM mata, o PM morre, o PM prende, o PM é preso. O processo de desumanização do policial é lento e gradativo, mas na primeira vez que ele se vê obrigado a carregar um bandido baleado, como uma peça de carne de açougue, ele pula etapas e passa a ter a visão da realidade definitivamente afetada por um prisma frio e ensanguentado. Aquela famosa cena, que não choca tanto quanto deveria, é a mais sóbria ilustração de como é avançado o estado de deformidade moral que atinge a sociedade da Região Metropolitana do Rio. Em vez de vomitar, o carioca diz: "Ih, ah lá! Se fudeu!", e segue normalmente para o seu rodízio de pizzas, assobiando e cantarolando.[57]

Os relatos de Silva e de Nogueira são intensos e preocupantes. No entanto, há mais do que policiais "safos" formando novos oficiais. Foi o caso do major Luiz Alexandre Souza da Costa. Doutor em Ciência Política, ele foi professor da Academia de Formação de Oficiais e do Centro de Perícia e Criminalística da Polícia Militar durante mais de vinte anos, até a sua morte, precoce, em agosto de 2023. Luiz Alexandre foi uma das primeiras fontes a que recorri quando me mudei para o Rio, há quase duas décadas, e se tornou um amigo. Tínhamos longos debates sobre segurança; nem sempre concordávamos, mas, se discordávamos, o fazíamos sempre respeitosamente.

A última entrevista que fiz com ele, em setembro de 2020, foi sobre as eleições que estavam por vir e que seriam as mais milicianas da história –[58] até a próxima. O major, já na reserva, pesquisava a carreira política dos militares no Congresso Nacional durante a legislatura de 2019 a 2022 e estava preocupado com a prática de adotar novos termos ao tratar das milícias "para ter repercussão" – numa clara crítica à imprensa, que engole muita notícia pronta vinda das instituições governamentais, evocando o termo "milícia" a torto e a direito. Para ele, o fato "acaba caindo num vazio, e a verdadeira e perigosa milícia acaba sendo colocada como mais uma das muitas realidades apontadas".[59] Lembre-se disso toda vez que ler o termo "narcomilícia".

Quando perguntei ao coronel Wanderby, olhando para dentro da polícia, o que tinha dado errado e o que precisaria ser feito para que as milícias não prosperassem, ele mencionou a incompatibilidade entre o *ethos* guerreiro "que parece povoar desde muito tempo e cada vez mais o 'fazer polícia' no Rio de Janeiro e a destinação constitucional das polícias militares", que têm – ou deveriam ter – ações voltadas prioritariamente para a real proteção da sociedade. Ao fim, ele faz a pergunta que nos fazemos diariamente. A polícia, operando nessa lógica de guerra, tem dado certo? Até aqui, sabemos que não.

O major Luiz Alexandre reformou cedo. O coronel Wanderby Medeiros reformou cedo. O Sargento Silva, chamando a PM de facção estatal, pediu para sair ainda mais cedo. A decepção é grande demais.

TERRA PRÓSPERA

O RIO TEM TUDO PARA DAR CERTO, mas não dá. O estado, que foi capital do Brasil de 1763 a 1960, não perdeu sua mania de grandeza – nem alguns hábitos muito pouco republicanos. A partir da redemocratização e de sua solidificação com a Constituição de 1988, foram eleitos nove governadores no Rio de Janeiro – cinco deles foram presos.[1] Só Antony Garotinho, que governou o Rio entre 1999 e 2002, já foi detido cinco vezes desde que saiu do cargo. O estado foi governado ainda por três vices. Benedita da Silva (2002-2003) e Nilo Batista (1994-1995) são os únicos que não responderam a processos judiciais.[2]

Corrupção passiva, lavagem de dinheiro, evasão de divisas,[3] improbidade administrativa,[4] abuso de poder político e econômico, concussão, participação em organização criminosa, falsidade na prestação das contas eleitorais,[5] negociação de propina, obstrução da Justiça,[6] compra de votos,[7] arrecadação ilegal de dinheiro de campanha e fraude na previdência.[8] Se uma única pessoa fosse acusada de todos esses crimes cometidos pelos ex-governadores, ela passaria mais de meio século na prisão.[9]

No Brasil, as polícias são estaduais. Isso significa que a pessoa eleita para governar o estado é a chefe maior das Polícias Civil e Militar. Idealmente, essa pessoa tem um plano de segurança, em que apresenta propostas para a área. E, geralmente, esse plano fica numa gaveta, pegando poeira pelos próximos quatro anos. O problema maior é que raramente o plano existe – como podemos ver no Rio sob gestão de Cláudio Castro, atual governador, em seu segundo mandato. Nos dois casos, quando não existe um plano de segurança para o estado ou quando ele existe, mas não sai do papel, a fatura chega. E ela costuma ser alta demais.

***

Adriano da Nóbrega era parceiro de Ecko, que tinha Bené como homem de confiança. Cada um, a seu tempo, viveu uma das fases da milícia. Os três foram personagens importantes na construção do Rio como conhecemos hoje: lindo quando se está de fora, mas muito difícil de encarar no dia a dia.

Boa parte desse contexto começa na Patamo 500, que rodava pelos bairros da Zona Norte do Rio a partir dos anos 1990. Como vimos, Patamo é a abreviação de Patrulhamento Tático Motorizado, mas, trocando em miúdos, era a patrulha formada por cinco PMs, dentre eles Ronnie Lessa, parceiro de Adriano da Nóbrega no Escritório do Crime. Os policiais daquela patrulha recebiam anotações elogiosas nas fichas funcionais, na Alerj, viam o salário mais que dobrar em gratificações e progrediam meteoricamente na carreira.

A Patamo 500 foi forjada em uma política pública criada por Marcelo Alencar, que governou o Rio entre 1995 e 1999, depois de já ter sido prefeito da cidade em dois mandatos (1983 a 1985 e 1989 a 1992). A "gratificação faroeste", como ficou popularmente conhecida a premiação por bravura que ele criou assim que assumiu, dava bônus salariais para policiais envolvidos em ocorrências com mortes. Não deu outra: o número de homicídios aumentou tanto, que a medida foi revogada na Alerj três anos depois. Mas ela deixou um legado.

Um levantamento do jornal *O Globo*, feito com base em sindicâncias, boletins e fichas funcionais dos agentes da PMERJ, contabilizou pelo menos 22 mortes durante operações da Patamo 500 entre 1998 e 2002.[10] Na maioria dos registros, o alto número de mortes era justificado da mesma forma: os agentes diziam que "foram recebidos com tiros pelos marginais e revidaram a agressão injusta". Essas justificativas eram prontamente aceitas, e os casos acabavam arquivados. Apenas três inquéritos contra a Patamo 500 chegaram ao Judiciário e, até hoje, não houve nenhuma condenação. Os poucos processos que andavam, se arrastavam lentamente por décadas sem nenhum resultado efetivo.

Antony Garotinho sucedeu Marcelo Alencar no governo do Rio, no qual ficou até 2002, quando saiu para disputar a eleição presidencial. Garotinho, filiado na época ao Partido Democrático Trabalhista (PDT) e lido como um político de esquerda, levou para o governo vários especialistas e estudiosos de segurança pública, dentre eles, o antropólogo Luiz Eduardo Soares. Cabia a ele idealizar projetos na área da segurança.

O legado de Soares é inestimável. Ele criou, dentre muitas iniciativas, as delegacias legais, o Instituto de Segurança Pública, os conselhos comunitários de segurança e a Ouvidoria de Polícia – por onde começaram a chegar denúncias sobre a Patamo 500 e outros policiais corruptos.[11] Como deveria ser, Luiz Eduardo, então coordenador de Segurança, Justiça e Cidadania, levou as denúncias ao Ministério Público, que tem entre suas funções fazer o controle externo da atividade policial. Cabe ao MP fiscalizar, analisar e investigar más condutas, excessos e afins.

No início dos anos 2000, notícias sobre a "banda podre" da polícia eram capa dos jornais dia sim, outro também. Até que, como disse o governador, "chegou ao limite".[12] Não da corrupção, mas das denúncias. Garotinho demitiu Luiz Eduardo Soares ao vivo, quando dava uma entrevista ao RJTV, jornal local da TV Globo no Rio de Janeiro que vai ao ar na hora do almoço.[13] Dias antes, Soares tinha denunciado que a corrupção chegava até mesmo à cúpula da polícia, inclusive ao então chefe da Polícia Civil, Rafik Louzada.[14] A banda podre ganhou a queda de braço.

A Patamo 500 não foi desarticulada conforme o pedido de Soares. Os "operacionais", como são chamados os policiais que atuam nas ruas, direto na ponta, eram vistos como essenciais no combate ao crime. A patrulha só seria dissolvida três anos após a demissão do coordenador.[15]

O líder da Patamo 500, à época o capitão Cláudio Luiz Oliveira, está preso por ser o mandante do assassinato da juíza Patrícia Acioli, morta por PMs do 7º Batalhão, de São Gonçalo.[16] Ao longo de dez anos, a juíza havia sido responsável pela prisão de cerca sessenta policiais ligados a milícias e a grupos de extermínio – crimes pelos quais Cláudio é acusado.[17]

Para Luiz Eduardo Soares, se suas denúncias e o pedido de extinção da Patamo 500 tivessem sido levados a sério naquela época, a situação não estaria como vemos hoje, nesse nível de degradação, com milícias presentes em um a cada quatro bairros do Rio, após quadruplicarem de tamanho.

Bené. Ecko. Adriano. Ronnie Lessa. Marielle. Vinte e oito anos separam a Patamo 500 do Cobalt branco, de onde saíram os tiros que mataram a vereadora Marielle Franco. A milícia chegou longe demais e hoje parece fora de controle. Se tivesse havido alguma intervenção nas décadas passadas, talvez ainda restasse saída. "Agora é tarde", acredita Luiz Eduardo. "Há um problema hoje, pois não encontramos um solo histórico, uma base sólida para um salto, não é?", ele questiona, ao comentar o que seria necessário para o Rio dar uma virada sem precisar ser refundado – como muita gente diz jocosamente, mas com certo fundo de verdade.

É comum para quem acredita que o Rio tem jeito, sim, comparar a cidade com a Nova York do início da década de 1980: degradada, com altos índices de criminalidade, suja, disputada por traficantes e mafiosos em meio a uma crise econômica que dificultava ainda mais as coisas. A cidade era vista como uma das mais perigosas do mundo e deu uma virada.[18] Cravada na costa leste dos Estados Unidos, Nova York virou aquela página, dentre outras coisas, com o arrefecimento da crise econômica[19] atrelada a maior oferta de empregos e mudança social[20] e a uma profunda reforma da polícia,[21] que é municipal e única, ao contrário do Brasil, onde as polícias são dividas entre Civil e Militar e estão sob o controle estadual.

Houve ainda um ponto crucial para essa virada: a prevenção da violência foi tratada com a implementação de tribunais locais que lidavam com conflitos menores – para evitar que eles escalassem – inteligência e tecnologia.[22] Foram criados sistemas para compilação e análise de dados,[23] de metas e mapeamento do crime, e foi articulado o compartilhamento de informações entre polícia, sociedade civil e Poder Judiciário.[24] Para este livro, a Polícia Civil se negou a responder a perguntas simples e até me impediu de entrevistar policiais que investigaram as milícias. Muito difícil, assim, pensar em transparência. Com a tecnologia usada em Nova York, era possível saber onde os policiais estavam, o que faziam e o impacto disso nos dados de violência.[25] Policiais de NY usam câmeras nos uniformes há mais de uma década.[26] E não que a cidade seja hoje o paraíso, mas está bem distante daquela realidade dos anos 1980.

Comparando o Rio à Nova York de trinta anos atrás, há dois pontos impensáveis por aqui: reforma da polícia e compartilhamento de dados.

A última mudança legislativa expressiva sobre as polícias foi aprovada em 2023, com base em uma proposta feita ainda no governo Fernando Henrique Cardoso, mais de duas décadas atrás, em 2001, buscando modernizar o marco legal das polícias militares, que ainda eram regidas por um decreto-lei de 1969. A Proposta de Emenda Constitucional (PEC), elaborada pelo Poder Executivo e destinada a aprimorar o sistema de segurança pública no Brasil, se estrutura em três pilares centrais. O primeiro é a inclusão do Sistema Único de Segurança Pública (Susp) na Constituição, formalizando a estrutura criada pela Lei nº 13.675, de 11 de junho de 2018. O segundo pilar propõe a atualização das competências da PF e da PRF, buscando adequar suas atribuições ao cenário atual. Por fim, a proposta prevê a constitucionalização do Fundo Nacional de Segurança Pública e da Política Penitenciária, garantindo maior estabilidade e previsibilidade no financiamento das ações voltadas à segurança e ao sistema carcerário.

A PEC traz uma contradição evidente. Por um lado, avança ao estabelecer maior coordenação federal sobre a segurança pública, fortalecendo o Susp e definindo com mais clareza a cooperação entre União, estados e municípios. No entanto, ao mesmo tempo que propõe essa integração, a medida ignora quatro aspectos fundamentais da segurança nos dias de hoje. Não aborda a regularização do mercado ilegal de drogas, não menciona o controle externo da atividade policial, deixa de lado qualquer discussão sobre o sistema penitenciário e, em vez de colocar a inteligência e a investigação – especialmente no esclarecimento de homicídios – no centro da política de segurança, reforça ainda mais a ênfase na atuação ostensiva. Outro ponto alvo de críticas foi o enfraquecimento do controle externo da polícia, já que a nova legislação subordina as Ouvidorias de Polícia ao comandante-geral, comprometendo sua independência e sua função fiscalizadora – que, como vimos, é essencial para o combate das milícias. Foi, portanto, uma oportunidade mal aproveitada.

Para uma mudança efetiva, seria preciso ter alguns organismos saudáveis. Como afirma o ex-secretário Luiz Eduardo Soares, "para onde você olha, você encontra um cúmplice". Ou, como aponta Dufaz, o ex-miliciano delator, a milícia tem infiltrados em praticamente todos os lugares. Governadores acusados de corrupção e associação com o crime, tribunais lentos e às vezes coniventes[27] e um Ministério Público muitas vezes omisso. Como acreditar que haverá mudanças se chegamos ao cúmulo de o órgão responsável por fiscalizar a atividade policial – o Ministério Público – extinguir o grupamento que tinha a responsabilidade de investigar abusos, má conduta, corrupção e afins dentro das polícias?[28]

Foi o que aconteceu em 10 de abril de 2021, quando o MPRJ extinguiu o Grupo de Atuação Especializada em Segurança Pública (Gaesp), órgão que tinha essas responsabilidades. Criado em 2015, o Gaesp mantinha uma equipe especializada, composta de coordenador, subcoordenador, assistente, doze promotores auxiliares, além de assessores e peritos, e era uma das poucas estruturas dedicadas ao acompanhamento de casos de violência policial.

Após o desmonte, veio a justificativa de criar uma Coordenadoria Geral de Segurança Pública. No entanto, conforme a Resolução nº 2.409, publicada dois dias depois da extinção do Gaesp, essa nova coordenadoria não teria funções executivas, estando proibida de exercer qualquer tipo de atividade investigativa. Na prática, isso significou que o órgão poderia atuar apenas no planejamento e no apoio estratégico, sem substituir o trabalho que vinha sendo feito pelo Gaesp.

A decisão partiu da administração do MPRJ, sob o comando do procurador-geral de justiça, Luciano Oliveira Mattos de Souza, e foi duramente criticada por promotores, que a classificaram como um "verdadeiro absurdo e retrocesso".[29] Para boa parte deles, a mudança sobrecarrega ainda mais as Promotorias de Investigação Penal (PIP), que já lidam com uma média de mil inquéritos por mês por promotor, tornando praticamente impossível dedicar atenção adequada a casos de mortes cometidas por policiais – o que envolve diretamente a ação das milícias.

O impacto da extinção do Gaesp foi grave. O controle externo das forças de segurança, que já era insuficiente, ficou ainda mais fragilizado. Sem uma equipe especializada, a apuração de crimes praticados por policiais ficou quase impossível. O grupo foi recriado quase cinco anos depois, no início de fevereiro de 2025.

* * *

Quando falamos sobre o Escritório do Crime, o sociólogo José Cláudio Souza Alves citou o gabinete dos negócios da burguesia, como ele adjetivou o Estado, para responder à pergunta que lhe fiz e que muita gente se faz: por que nada muda?

Lembrei-me de quando, anos atrás, fazia uma pesquisa para um filme que se passava no Rio de Janeiro – mas com um tom de ficção, para evitar processos e morte. Fiquei por meses investigando negócios imobiliários na Barra da Tijuca e no Recreio dos Bandeirantes, bairros que parecem uma Los Angeles à brasileira, com ruas largas, uma praia logo ali e até uma estátua da liberdade que é piada entre gringos na internet e entre os próprios cariocas. Ali estão os emergentes: a classe média com aspiração a rica. E também os ricos de verdade, que dividem parte da região com uma criação de búfalos.[30]

Ao investigar a economia e a política daquela outra região da Zona Oeste carioca, tive a mesma sensação de Luiz Eduardo Soares. Não há saída. Esse tipo de gente que investiguei é quem manda no Estado. São os gerentes dos gabinetes de negócios escusos, o que nos faz questionar se estamos realmente em uma democracia. "Uma democracia bem do nosso jeitinho, talhada sob a nossa moral", responde José Cláudio.

O Rio de Janeiro é o estado que elegeu senador um homem que empregou em seu gabinete o líder do Escritório do Crime, um matador de aluguel, e que o homenageou na Câmara. Esse político é Flávio Bolsonaro. Como ele, existem muitos outros dando as cartas no centro do poder político. "Qual é o nível de corrosão necessário para que nós tenhamos uma sociedade capaz de aceitar isso, de eleger Bolsonaros e seus filhotes, seus herdeiros?"[31] A história de Adriano da Nóbrega, ex-funcionário elogiado e homenageado pelos Bolsonaro, após virar livro, também será um filme.[32] Mas, pela trama, deveria ser uma série.

QUEM ERROU QUE PAGUE

Ocian acordou com a arma apontada para sua cabeça. Quando abriu os olhos, pôde ver melhor que dentro de sua casa havia muitos policiais – acompanhados de dois homens encapuzados. Antônio, pai de Ocian, estava no quintal, vendendo peixes. Ele foi jogado em cima da tampa de isopor da caixa onde guardava sua mercadoria enquanto era perguntado sobre uns fogos de artifício.

Os policiais reviraram a casa e disseram que a balança que naquele dia era usada para pesar os peixes também pesava pólvora. Ainda sem saberem o motivo da abordagem, pai e filho viram os policiais apreenderem tudo o que tinham em casa: vários treme-treme – um tipo de rojão de vara, que deixa um rastro alaranjado e tem uma explosão forte no fim –, alguns estopins e centenas de busca-pés, que têm uma vara como o treme-treme, só que menos potente – costumamos vê-los em festas juninas. E zero grama de pólvora.

Ocian e Antônio eram conhecidos na região por animar as festas da paróquia do bairro, Campo Grande, com os fogos. Mas isso não foi o suficiente para convencer os policiais. Os dois foram presos sob a acusação de jogar uma bomba na delegacia local, a 35ª DP.[33] No Termo de Declaração feito pelos policiais, havia a informação de que, no momento da prisão, os dois teriam afirmado que tinham vínculo com o deputado Natalino e o vereador Jerominho.

Presos, Ocian e Antônio pediram a familiares que procurassem deputados que estavam trabalhando na CPI das Milícias, instalada havia apenas uma semana. A pedido do deputado petista Gilberto Palmares, relator da CPI, eles foram ouvidos. "Foi um troço de louco", disse Antônio em seu depoimento à Comissão. Ele perguntava, na abordagem, a todo momento, de que estava sendo acusado. As respostas eram vagas: na delegacia ele saberia. Foram quinze dias atrás das grades sem entender nada.

Diante da história – e de seus furos – o delegado Marcus Neves, titular da 35ª DP, em Campo Grande, foi convocado na CPI. Na segunda reunião da Comissão, em 3 de julho, ele foi questionado sobre a presença de homens encapuzados e disse que era para preservar a identidade de informantes. Mas, quando perguntado sobre as afirmações de que os presos teriam ligação com Natalino e Jerominho, o delegado saiu pela tangente e disse que a operação foi conduzida pelo delegado substituto. Para piorar a situação, os fogos apreendidos não foram listados no registro de ocorrência na delegacia. A desculpa dos policiais? "Pode ter ocorrido um erro no momento da digitação."

E foi aí que convocaram também o escrivão, a pessoa que deveria ter digitado a informação corretamente. E deu em nada. Algum tempo depois, o delegado Marcus Neves reconheceu publicamente que pai e filho não tinham qualquer relação com o atentado – que aconteceu menos de um mês após a tortura dos jornalistas do jornal *O Dia* por milicianos de Realengo. Mas o Cabo Bené tinha.[34]

A bomba, lançada por volta das 2h da manhã de 26 de junho de 2008, na delegacia de Campo Grande, destruiu a entrada do prédio, mas não feriu ninguém. A força da explosão estilhaçou os vidros da porta da delegacia; as paredes e o teto ficaram repletos de buracos. Uma mulher que estava sendo atendida pelos policiais na hora viu a cena e disse que a bomba foi jogada de cima de um viaduto, por um homem que estava em um carro cinza. Isso aconteceu um dia após o início dos trabalhos da CPI.

Neves, o delegado, deu entrevistas aos jornais dizendo que Natalino e Jerominho "certamente foram os responsáveis, os mentores intelectuais desse crime".[35] A polícia acreditava que o atentado era uma represália contra ações policiais nas favelas do Barbante, Carobinha e Vilar Carioca, ligadas aos irmãos Guimarães. Cinco pessoas haviam sido presas nos últimos dias – o Cabo Bené era um deles.

Natalino rebateu o delegado, o chamou de "desequilibrado mental" e ameaçou processá-lo, mas Neves firmou o pé:

> Não tenho dúvida alguma de que o deputado Natalino e o vereador Jerominho foram mandantes do atentado. A situação vai piorar muito para o lado deles, porque vamos bater cada vez mais até conseguirmos impor na região o império da lei.[36]

Natalino não arregava: "O Marcus Neves foi colocado na delegacia para perseguir nossa imagem. Toda vez que se aproximam as eleições, eu e Jerominho sofremos perseguição de pessoas maldosas." Toda essa história foi documentada no relatório final da CPI das Milícias.

***

Uma investigação do Ministério Público expôs uma aliança entre políticos da Baixada Fluminense e líderes da milícia, de olho nas eleições de 2020.[37] Na mesa em que estavam reunidos o miliciano Danilo Dias Lima, o Tandera, rival de Zinho, e políticos como Luciano Henrique Pereira, pré-candidato à prefeitura de Seropédica pelo PL, Thaianna Cristina Barbosa, pré-candidata à prefeitura de Mesquita pelo Partido da Social Democracia Brasileira (PSDB), o ex-deputado Cornélio Ribeiro, que planejava à época disputar a prefeitura de Nova

Iguaçu pelo Partido Renovador Trabalhista Brasileiro (PRTB), mas desistiu, e Jorge Alves Santos, pré-candidato a vereador na mesma cidade, também fora da disputa, repousava um símbolo claro de poder e intimidação: um fuzil. Os políticos negociavam ali cargos em secretarias de governo, nomeações para funções públicas e vantagens em licitações fraudulentas em troca de apoio político para suas campanhas eleitorais.

Thaianna Cristina Barbosa dos Santos, a ex-rainha de bateria da escola de samba Paraíso do Tuiuti, hoje conhecida como Dra. Thay, Luciano Henrique Pereira, conhecido como Luciano da Rede Construir, e Cornélio Ribeiro foram denunciados por envolvimento com a milícia.[38] As investigações do MP na Operação *Epilogue* mostram que

> nos últimos anos a associação criminosa passou a se organizar de maneira ainda mais complexa, buscando infiltrar-se na máquina pública. Nesse sentido, as investigações também revelaram a formação de uma verdadeira "coalizão" entre pré-candidatos a cargos eletivos para as eleições de 2020, na região da Baixada Fluminense, e os líderes da milícia.[39]

Aos convidados da reunião, Tandera disse:

> A milícia hoje em dia é um fruto de luta, né? Ela está em aclive, não em declive. Para vocês estarem aqui hoje, vocês sabem que lá na frente... tudo é um investimento. Eu tenho um pedido para fazer. Se não fosse para vocês, ia ser para outras pessoas que viessem com uma ideologia, mas a ideologia de vocês bate com a gente.[40]

Esse tipo de movimentação política e miliciana é cada dia mais comum e, em certos casos, escancarado. Eles fazem o que for preciso para garantir que os planos sejam cumpridos à risca.

A reunião aconteceu em 2020 e lembra o ocorrido em 2004: Elizabete Lopes Machado, servidora do Tribunal Regional Eleitoral (TRE), foi morta quando chefiava o cartório da 225ª Zona Eleitoral de Seropédica. Ela tentava botar ordem no cartório, depois de observar uma movimentação suspeita de transferência de títulos de eleitores entre 2001 e 2004. A servidora foi sequestrada, agredida e queimada viva, um crime que o MPF disse estar "diretamente relacionado à encomenda de políticos de Seropédica para assegurar ou ocultar fraudes eleitorais".[41]

No mercado da milícia, a morte é uma moeda. Seja de troca, de venda, de marketing, de aviso. No início dos anos 2000, aquela área do estado estava muito quente. O *modus operandi* evoluiu, assim como a própria milícia: de Liga da Justiça passou para A Firma, depois para Bonde do Ecko e, desde 2020, seguiu dois rumos diferentes, com Zinho de um lado e Tandera de outro.

Quando conversei com Chico Otávio, um dos jornalistas mais experientes do Rio, ele comentou que a situação se agravou bastante de dez anos para cá. Ajeitando os óculos e reclamando do frio do norte do estado, onde passava uma temporada, ele analisou o quadro. Para ele, não é possível falar de milícia em Itaguaí sem olhar os processos políticos da região. Afinal, nada do que vemos hoje em relação à milícia seria possível sem a corrupção sistêmica e o poder das dinastias políticas locais, a interferência do Judiciário, parte importante na reintegração de policiais envolvidos com o crime e a impunidade, que acabam por facilitar a vida de quem passa para o outro lado do balcão, algo que ele chama de "indústria" de reintegração de policiais.

> Houve um período em que o Judiciário local operava quase como uma indústria de reintegração de policiais expulsos por envolvimento em crimes. Isso aconteceu, salvo engano, em Itaguaí, e era um esquema bem conhecido. Muitos desses agentes, que deveriam ter sido afastados definitivamente, voltavam para a ativa graças a decisões judiciais que, no fundo, garantiam a continuidade da influência miliciana dentro das forças de segurança.[42]

As movimentações políticas das milícias, que demonstram um poder que traspassa várias esferas públicas, acabam por nos deixar sem muita perspectiva de solução.

José Cláudio Souza Alves analisa, por exemplo, o uso político que Allan Turnowski fez da operação da PRF e da Core que resultou na morte dos doze milicianos. Ela foi vendida como uma emboscada perfeita, que não teve qualquer revés para a estrutura da segurança pública envolvida.

> O que isso significa? Um palanque. Talvez Allan não imaginasse que, em 2022, seria preso e afastado das eleições. Mas, naquele momento, a operação foi utilizada para impulsionar uma narrativa e consolidar poder. Um movimento planejado para projetá-los ainda mais e garantir que continuassem avançando.[43]

Esta é a face pública do uso político de uma ação para obter vantagens eleitorais. Mas José Cláudio enxerga também o lado mais silencioso e menos violento dessas interferências, que ficam então mais difíceis de serem enquadradas judicialmente se olharem apenas para a ponta visível do problema.

Ele explica que, se você está sob a proteção da estrutura miliciana de um vereador, tudo acontece com rapidez. Você consegue o exame sem demora, garante uma consulta antes dos outros, tem acesso prioritário ao atendimento. Se a doença é grave, suas chances de tratamento aumentam. Com isso, a milícia não apenas domina territórios, mas também controla serviços essenciais.

Um grupo armado gerindo uma Organização Social de Saúde (OSS) e operando dentro de um posto de saúde significa que o sistema já foi tomado. As pessoas que foram beneficiadas por eles ao longo do tempo estão indo votar, não por obrigação, mas por reconhecimento. Nem é necessário controlar títulos de eleitor ou pressionar diretamente os moradores como antes. Todos sabem quem são os responsáveis pelos serviços que recebem e reconhecem os privilégios de se manter ao lado dessa estrutura de poder.

O processo se torna simples, quase natural. A lógica do "homem cordial", como José Cláudio Souza Alves nomeia, em referência ao historiador Sérgio Buarque de Holanda, se impõe: é mais fácil e conveniente se alinhar à força dominante do que enfrentá-la.

> **Chegamos a esse ponto – um sistema em que poder político, controle territorial e benefícios diretos se misturam de forma irrefreável. E, enquanto assistimos a tudo isso se fortalecer, não há sinais de recuo. Pelo contrário, a estrutura continua avançando.**

Mas José Cláudio também deixa claro que nem sempre foi assim. Ele lembra como isso funcionava nas décadas passadas para permitir que Itaguaí traçasse o caminho que trilhou. "Em 1992, Itaguaí foi palco de um dos períodos mais violentos da política nacional", menciona ele.

> Ao longo de um ano, mais de dez políticos foram assassinados, muitos deles eliminados pelos próprios adversários. A disputa pelo poder se transformou em uma verdadeira guerra interna, onde a política e a violência se entrelaçaram de forma brutal.

No início da década de 1990, as disputas políticas em Itaguaí se intensificaram após a abertura de um processo de impeachment contra o então prefeito Abeilard Goulart (PFL), atual União Brasil. Ele era acusado de corrupção e desvio de verbas públicas, incluindo recursos do Sistema Único de Saúde (SUS), da merenda escolar e de concursos públicos fraudados para favorecer aliados. Entre os beneficiados, estaria o próprio filho do prefeito, que teria garantido uma vaga na administração municipal.

A crise política logo se transformou em uma onda de violência. Em abril de 1990, o vereador Álvaro Nascimento Fentane, também do PFL e um dos aliados mais próximos do prefeito, foi assassinado a tiros dentro do próprio carro enquanto voltava para casa. Poucos meses depois, em 28 de dezembro do mesmo ano, outro atentado abalou a cidade. O vereador Dalto Apolinário, do PDT, foi morto a tiros ao lado de Elizabeth Corrêa Ribeiro, secretária da Câmara Municipal. Segundo reportagens da época, Dalto fazia parte do grupo de doze vereadores que havia votado pelo impeachment de Abeilard Goulart. Logo após a abertura do processo, os parlamentares que apoiaram a cassação começaram a receber ameaças de morte – ameaças que, para alguns, se concretizaram de forma brutal.

A escalada de assassinatos continuou no ano seguinte. Em abril de 1991, o secretário de Obras e Transporte de Itaguaí, Rui Lucas de Oliveira, foi executado a tiros na porta de sua casa. Pouco tempo depois, em 15 de maio daquele ano, seu sucessor, Elias Ferraz Machado, teve o mesmo destino. Em 2020, ano da operação que resultou na morte de Bené e outros onze milicianos, o filho de Abeilard, agora vice-prefeito de Itaguaí, sofreu impeachment e foi declarado inelegível.

PACIFICAR

"Você trabalha com o quê?", perguntou o médico durante uma consulta em Botafogo. Quando respondi que era jornalista e que cobria segurança pública, a conversa tomou um rumo meio esquisito – ao menos para mim.

Foi nessa consulta que fiquei sabendo de uma escola em Botafogo que possui um verdadeiro bunker. Lá, as crianças são alfabetizadas em alemão e fazem o teste Abitur, um exame alemão equivalente ao Enem que permite o ingresso em universidades na Europa. Para estudar na Escola Alemã Corcovado, não basta pagar os quase R$ 7 mil mensais – é necessário ter parentesco alemão ou ser indicado por alguém, criando um esquema meio de "sócio", no qual se pagam luvas para garantir o vínculo. A escola fica a uma rua de distância da subida do morro Dona Marta – e nenhuma das crianças da favela estuda lá. Ao contrário de muitas escolas particulares, a Corcovado não oferece bolsas comunitárias. Entre a escola e a favela está o Palácio da Cidade, local de trabalho do prefeito do Rio de Janeiro.

Voltei para casa após a consulta e fui procurar mais sobre essa escola. A primeira notícia que achei era de 2018 e narrava como pais e alunos precisaram se refugiar no subsolo do lugar para se proteger de um tiroteio que havia começado por volta das 7h, momento em que os alunos estão chegando para estudar. Havia uma operação policial em curso. "A escola imediatamente iniciou o seu protocolo de segurança e bloqueou todo o espaço aberto", dizia o comunicado da instituição, publicado no jornal *O Globo*, em matéria que narrava o ocorrido. O protocolo estabelece que, havendo tiros, uma sirene é acionada, e os alunos e funcionários se dirigem ao bunker. Uma mãe ouvida pela reportagem disse que "as crianças não podem achar isso normal. Nem as que vivem em comunidades que têm tiroteios constantes devem se acostumar".[44]

Dez anos antes, teve início uma era que levaria muita gente a pensar que a segurança no Rio de Janeiro tinha jeito. Não era o meu caso. Na manhã de 19 de dezembro de 2008, foi inaugurada a primeira Unidade de Polícia Pacificadora (UPP), no morro Dona Marta, em Botafogo.[45] Era o início do projeto que prometia levar para favelas da cidade unidades da PM que controlariam os crimes e uma parte social que seria responsável pelas áreas de cultura, lazer e integração, e que em dez anos iria de uma grande promessa de mudança ao fracasso. A parte social foi desmantelada ainda antes – durou menos de cinco anos, sem tirar do papel quase nada do planejado.

O programa de governo apresentado por Sérgio Cabral,[46] governador eleito em 2006 com maioria absoluta,[47] não mencionava as UPPs. Ele era de certa forma genérico, como boa parte dos planos apresentados por candidatos ao governo do estado. No meio de seu mandato, no entanto, nasceu a primeira UPP, e com ela o governador ganhou aura de pop star, sustentada pela imprensa.

As UPPs foram um sucesso tão estrondoso que Cabral foi reeleito em 2010, com quase 70% dos votos, fez um sucessor e o reelegeu: Luiz Fernando de Souza, o Pezão. Rendeu ao todo treze anos de governo – até que os dois caíram em desgraça e foram presos. Cabral, em 2016, foi acusado de comandar uma organização criminosa que fraudava licitações e cobrava propina de empreiteiras, o que levou o estado a uma crise econômica brutal. Já Pezão foi preso dois anos depois, em 2018, por acusações relativas a corrupção. Hoje Cabral está solto, vivendo a vida de influencer no Instagram, e Pezão foi eleito prefeito de Piraí, no sul do estado.

Eu costumava acordar às 4h da manhã quando era anunciada mais uma pacificação – foram 29 unidades ao todo. A ideia era chegar à favela divulgada antes das 6h da manhã, quando geralmente começam as operações. Com a promulgação da Lei nº 13.869/2019, conhecida como Lei de Abuso de Autoridade, foi estabelecida uma regulamentação específica sobre o horário permitido para o cumprimento de mandados de busca e apreensão em residências. Antes da nova legislação, a interpretação variava: em geral, considerava-se que as operações deveriam ocorrer até às 18h, enquanto alguns juristas defendiam um limite mais flexível, estendendo-se até às 20h. Com a nova regra, o STJ entende que a busca feita antes das 6h é nula, mas não configura crime de abuso de autoridade por parte do policial que a realiza. O resultado é que as provas obtidas na busca são anuladas no processo, mas o policial não é punido por abuso de autoridade. O artigo 22, § 1º, inciso III da lei determina que o horário permitido para o cumprimento desses mandados agora é das 5h até às 21h, garantindo maior clareza e uniformidade na aplicação da norma.

Meu objetivo era entrar no local antes dos policiais, com câmera nas mãos, e conseguir registrar a operação de dentro para fora. Nem sempre era tranquilo. Uma vez um policial me pegou pelo braço, dizendo que eu não deveria estar ali, enquanto me levava para a entrada da comunidade, para cobrir a instalação da 28ª UPP, na Rocinha. Foi pior com um trabalhador que descia a rua no alto da favela e foi pendurado no penhasco em uma das muitas curvas das ruas da Rocinha, lá no alto. Diante das câmeras, o policial recuou.

Com a estratégia de anunciar a operação para instalar a UPP, tiroteios e confrontos tornaram-se coisa muito rara. Após o anúncio, era esperado que os traficantes abandonassem seus postos. Fugissem. E assim foi feito. A pacificação colaborou muito para a mudança na geopolítica do crime no Rio de Janeiro. Com as unidades concentradas na cidade do Rio, os traficantes foram obrigados a migrar para a Baixada, passando a disputar áreas com as milícias.

Uma matéria que fiz em 2018 para o *Intercept Brasil* analisando as 6.475 ligações anônimas que o Disque Denúncia recebeu em 2016 e 2017 – referentes às atividades de traficantes e milicianos na capital – teve resultado revelador: 65% das denúncias eram sobre milícia. Naquela época, não havia dados sistematizados pelo governo sobre o avanço das milícias no Rio, e as denúncias – analisadas por palavras-chave – eram o mais forte indicativo dos caminhos dos grupos armados. Anos depois, duas edições do Mapa dos Grupos Armados, trabalho do Instituto Fogo Cruzado e do Grupo de Estudos dos Novos Ilegalismos (Geni) da Universidade Federal Fluminense (UFF), revelariam um avanço ainda mais aterrador.[48] De 2008 a 2023, as milícias foram o grupo armado que mais cresceu no Rio, triplicando seu domínio territorial – exatos 204,6%. Já o grupo Amigos dos Amigos (ADA) foi o único que apresentou redução ao final do período (75,8%). Comando Vermelho (CV) e Terceiro

Comando Puro (TCP) cresceram, respectivamente, 89,2% e 79,1% nos últimos dezesseis anos. "O efeito das UPPs é o de reconhecimento da Baixada como uma grande área de fronteira que permite uma recomposição do tráfico",[49] concluiu José Cláudio Souza Alves na matéria.

No mesmo ano em que a escola Corcovado mandava alunos para o bunker para se proteger dos tiroteios, era criada na Alerj a CPI das UPPs.[50] Os deputados queriam entender o que deu errado, apesar de tanto investimento, pelo menos mais de R$ 1 bilhão, segundo levantamento da época. Os motivos não eram poucos.

Quando as UPPs começaram a ser implantadas, eu mantinha um blog chamado Arma Branca, onde escrevia sobre segurança pública. Aquela era uma época na qual muitos policiais, militares, agentes de segurança e jornalistas debatiam o tema on-line. Esses blogs compunham a Blogosfera Policial,[51] uma espécie de grande fórum de blogs que reunia textos de todo o país. Por causa do Arma Branca, fui convidada para uma reunião do governo. Era uma tentativa de se aproximar daqueles profissionais que estavam liderando o debate sobre segurança na internet, alcançando muita gente, e apresentar o projeto das UPPs.

Nesse encontro, perguntei por que não estava previsto um balanço periódico dos resultados do programa,[52] para que fosse possível recalcular a rota e manter o plano nos trilhos, ir se adequando à realidade carioca, bem diferente da colombiana, onde Cabral buscou inspiração.[53] A resposta foi bem evasiva. Não havia esse plano de reavaliação.

Criticar as UPPs era visto como mau agouro. Lembro que um repórter do jornal carioca *Extra* compartilhou um *tweet* meu no qual eu criticava o programa, com um comentário jocoso, como se eu não fizesse ideia do que estava fazendo ou fosse mal-intencionada ou desinformada. O tempo nos trouxe as respostas. De sociólogos a policiais, essa crítica ao modelo das UPPs é quase unanimidade.

Em uma entrevista concedida em 2022 ao podcast *Cara a tapa*,[54] Rodrigo Pimentel fez uma análise crítica sobre a implementação das UPPs. Ele apontou que a pressa em expandir o programa para diversas comunidades, sem planejamento adequado, levou ao seu fracasso. "Com aquela ânsia de crescer, de fazer UPP em tudo quanto é lugar, aquela porra fracassou", afirmou. Embora defensor do modelo, Pimentel destacou que a estratégia ideal teria sido uma implementação mais sustentável, focada em menos favelas e que priorizasse áreas estratégicas.

Entre os exemplos, mencionou o complexo do Chapadão, um conjunto de favelas na Zona Norte do Rio, situado entre os bairros de Costa Barros, Pavuna, Anchieta, Guadalupe e Ricardo de Albuquerque. O local é considerado uma base operacional para roubos de carga no estado, favorecido por sua posição geográfica. A proximidade com a Baixada Fluminense e a conexão direta com vias de grande fluxo – como a avenida Brasil, a via Dutra, que liga o Rio a São Paulo, e a rodovia Washington Luís, que atravessa a Baixada em direção à região serrana – fazem do complexo do Chapadão um ponto estratégico para o crime organizado.

Do ponto de vista dos policiais de linha de frente, que atuaram nas UPPs, a realidade era ainda mais complexa. Muitos relatavam as péssimas condições de trabalho – desde contêineres de ferro sem ar-condicionado e sem banheiro, até a alimentação estragada fornecida para turnos de até doze horas em áreas que, longe de serem pacificadas, não estavam sob qualquer controle real. A tensão entre moradores e policiais era palpável, revelando um cenário de conflito constante. Esse contexto remete novamente à análise de José Cláudio Souza Alves, que critica políticas que buscavam criar uma aproximação harmoniosa entre polícia e população sem levar em consideração o contexto histórico e as relações de poder profundamente enraizadas que moldam a segurança pública no Brasil.

A situação se tornou insustentável à medida que denúncias de corrupção e violência policial foram surgindo, expondo a persistência das velhas práticas dentro das forças de segurança. O ponto de ruptura veio em 14 de julho de 2013, com o assassinato do ajudante de pedreiro Amarildo de Souza, na favela da Rocinha. O caso ganhou enorme repercussão e revelou os abusos cometidos por policiais da UPP local. Doze policiais militares foram condenados pelo desaparecimento e pela morte de Amarildo, e suas penas foram agravadas pelo fato de serem agentes públicos que cometeram o crime no exercício da função.

A EVOLUÇÃO DOS BICHOS

"O PROBLEMA DO RIO NÃO são os bandidos, são os mocinhos." Quem assiste ao documentário *Notícias de uma guerra particular* (1999),[1] de João Moreira Salles, tem uma sensação permanente de *déjà-vu*. Eu nunca esqueci quando assisti pela primeira vez o filme. Era surpreendente ver um policial como o delegado Hélio Luz nomeando situações, analisando cenários e apontando soluções com tanta clareza. Reassisti algumas vezes, sempre pensando "não tem jeito mesmo", pois nada mudava nunca.

Hélio Luz chegou ao Rio de Janeiro com um ano de idade, quando o pai, militar, foi transferido de Porto Alegre. Não entrou para a polícia porque queria ser policial, mas porque queria "ficar à toa", já que a escala de trabalho na época era 24 por 96 – você trabalhava 24 horas e folgava quatro dias. Com a experiência de décadas como delegado da Polícia Civil do Rio, onde chegou ao cargo máximo de chefia, Luz fala no documentário sobre desigualdade, corrupção, violência policial e inércia das autoridades.

Sem meias-palavras, ele diz que polícia foi "criada para ser violenta e corrupta" e "garantir uma sociedade injusta". Analisa que "a corrupção está entranhada em todas as esferas do poder" e que a corrupção policial é apenas uma parte do problema. Aposentado desde 2002, Hélio é sempre procurado para comentar as novas e mirabolantes soluções para a segurança no Rio de Janeiro.

Em uma entrevista ao *Extra*, em 2012, ele comentou que o projeto das UPPs foi algo feito no improviso, porque, "se fosse planejado, a Polícia Militar teria feito primeiro o dever de casa, que é saber controlar a sua tropa".[2] Procurado anos depois para falar sobre a intervenção militar na segurança do Rio, ocorrida em 2018, ele declarou que somente daria certo se focasse na corrupção. Deu errado, pois fizeram exatamente o contrário.

A Intervenção Militar Constitucional foi decretada em 21 de fevereiro de 2018, com a "missão de diminuir a criminalidade e recuperar a segurança pública no estado",[3] como está destacado no site do Gabinete da Intervenção Federal (GIF). A decisão foi tomada logo depois do Carnaval, justificada por uma pretensa "onda de violência" – o que foi desmentido pelos dados do próprio Instituto de Segurança Pública do Estado do Rio. Na época, a diretora do Instituto, a economista Joana Monteiro, foi categórica: "Foi um Carnaval muito parecido com o dos outros anos. Estou segura em dizer que não houve nenhuma explosão de violência neste ano." Aqui, vale uma lembrança: 2018 foi um ano eleitoral muito importante na política estadual e nacional.

Militares que integraram o GIF e empresários foram investigados pela PF por fraudes na verba do programa, estimadas em R$ 1,2 bilhão.[4] O general Walter Souza Braga Netto, nomeado interventor, foi investigado, teve o sigilo telefônico quebrado e continuou mantendo contato com investigados mesmo após assumir a chefia da Casa Civil (2020) e o Ministério da Defesa (2021) no governo Bolsonaro.[5] Ele acabou preso anos depois,[6] em meio às investigações do inquérito que apurava a tentativa de golpe de Estado no país em 8 de janeiro de 2023.[7] Nada que surpreenda.

Essa nova investigação também gerou um processo na Justiça, que acabou sendo encaminhado para Santa Cruz. Depois que a Operação *Freedom* foi deflagrada, a milícia paralisou suas atividades em Itaguaí por três ou quatro meses. Muitos dos envolvidos fugiram e se esconderam na chamada "matriz", em Santa Cruz. Foi nesse período que as autoridades começaram a monitorar o movimento naquela região e identificaram um esquema de extorsão operado pelos foragidos. "Isso levou à abertura de mais um processo, que, no entanto, acabou sendo encaminhado para uma câmara criminal pouco rigorosa, o que acabou gerando complicações no andamento das investigações", me confidenciou uma fonte.

O RIO CONTINUA SENDO

Estava tomando café em mais um dia de janeiro escaldante no Rio quando meu telefone tocou. Era Rodrigo Pimentel mais uma vez. Nos aproximamos bastante depois que nos conectamos no Instagram, de tanto um assistir a vídeo do outro, concordando, discordando e se acertando. "Cecília, tem muito comércio fechando. Fiquei sabendo que os comerciantes não estão mais conseguindo pagar as taxas das milícias e dos traficantes." A gente comentava que, sim, não estava fácil para ninguém. Quem se levantou pós-pandemia continuava com dificuldades de se manter de pé, mas quem extorquia não aliviava.

Nesse mesmo dia, eu tinha uma conversa marcada com Bruno Paes Manso, colega de profissão que se enveredou pela academia e hoje, além de um ótimo pesquisador no campo da violência, é escritor, com importantes livros sobre o tema. Começamos a conversa e a chuva caiu em São Paulo, onde Bruno mora. Ele precisou interromper o papo, correr e fechar as janelas. "Risco de alagamento. Se mantenha em local seguro", avisou a Defesa Civil por mensagem de celular aos paulistanos. Bruno deu sorte de estar em casa. Em minutos circulava nas redes um vídeo em que trabalhadores, presos às grades da estação do metrô, lutavam para não serem levados pela enchente que invadiu as galerias com uma força torrencial.

A capital mais rica do país e os bairros sobre os quais a gente conversava sofrem da mesma sina: o desdém e a omissão de quem tem a caneta nas mãos. E a fatura chega sempre para as pessoas da mesma classe social. Mas não existe vácuo de poder. Alguém vai sempre aproveitar a oportunidade de vender a solução para os problemas que o poder público criou ou deixou florescer. E isso dá muito, muito dinheiro. Afinal, como já vimos, não há como separar o PIB legal do PIB ilegal do Rio de Janeiro. Todo cidadão que vive ou transita pelo estado financia alguma atividade ilegal, querendo ou não. Seja abastecendo o carro em um posto de combustível que lava dinheiro para a milícia[8] ou comprando remédio para uma dor de cabeça na farmácia do miliciano,[9] após beber mais do que devia na balada, que também pode ser de um miliciano, traficante ou bicheiro.[10]

Somente a milícia do Zinho, herdeiro do Ecko, movimentou R$ 135 milhões entre 2017 e 2023.[11] E isso não é apenas coisa da milícia ou somente do Rio de Janeiro. O Primeiro Comando da Capital (PCC), que nasceu em São Paulo e hoje atua em mais de quarenta países, fatura cerca de R$ 5 bilhões por ano.[12] Ou seja, não é exclusividade do Brasil. No mundo, o crime organizado transnacional movimenta cerca de US$ 900 bilhões anualmente.[13] As atividades ilegais movimentam tanto a economia que a União Europeia passou a estimar o tráfico de drogas no PIB, o equivalente a 0,4%.[14]

Essa conta dos europeus vai ao encontro do que José Cláudio Souza Alves disse sobre o dinheiro que circula na Baixada Fluminense não ser uma "para-economia". É a economia, ponto, já que não é nada paralelo. Ele bate duro na tecla de que Estado paralelo não existe, poder paralelo não existe e, então, uma para-economia também não. São agentes que estão na folha de pagamento do Estado, movimentando a economia das cidades, geridas por esse mesmo Estado.

Algumas dessas grandes apostas financeiras que estão movimentando a economia de cidades do Rio são a venda de terrenos e loteamentos e a construção de condomínios com dezenas de torres. Andando pela estrada de Chaperó, em Itaguaí, e pela estrada de Madureira, em Nova Iguaçu, foi possível verificar com uma clareza que só se tem ao ver o lugar. A região, verde e ainda rural, é enorme. Entre uma fazenda e outra, edifícios e mais edifícios, cercados com muros infindáveis e guaritas de vidro. O contraste é gritante. Pasto e concreto.

Ao ler o relatório final da Polícia Federal sobre o caso Marielle Franco, mais uma peça se encaixa sobre as apostas econômicas das milícias: a questão imobiliária,[15] em especial o Projeto de Lei da Câmara (PLC) nº 174/2016, projeto sobre regularização de loteamentos em Vargem Grande, Vargem Pequena, Itanhangá e Jacarepaguá, proposto pelo acusado de mandar matar a vereadora, o deputado federal

João Francisco Inácio Brazão, o Chiquinho Brazão.[16] Em sua delação, Ronnie Lessa contou que receberia lotes de terrenos como pagamento pelo assassinato da vereadora, uma grande área entre Jacarepaguá e Praça Seca, junto ao morro da Chacrinha, Zona Oeste do Rio. O plano era assentar pessoas ali e cobrar por tudo o que pudesse. Há belíssimos horizontes por muitos bairros da Zona Oeste, onde ainda é possível expandir, ou colonizar. Novos mercados e novas economias. Muito mais dinheiro para pilhar.

***

Assim como a estratégia da milícia de colonizar novas áreas e expandir os lucros por meio de imensos empreendimentos imobiliários, o funcionamento da máquina que permite que milicianos se criem, prosperem e fiquem cada vez mais ricos veio à tona em 2018. É algo que Bruno Paes Manso chamou de "comércio da impunidade", um sistema complexo e influente, com policiais que se especializaram em vender impunidade para os assassinos de grupos como o Escritório do Crime. O caso Marielle revelou um cenário muito mais amplo e complexo do que se conhecia, evidenciando a existência de uma vasta economia do crime.

Na última década, houve diversos assassinatos de figuras importantes do Rio de Janeiro, como Marcos Falcon,[17] ex-PM e presidente da Portela, e José Luiz de Barros Lopes, o José Personal,[18] genro de Valdomiro Paes Garcia, o Maninho, um dos grandes nomes no tabuleiro do jogo do bicho. Se esses crimes fossem devidamente investigados, eles revelariam uma vasta rede de informações que, uma vez desvendadas, poderiam ter cessado conflitos e evitado mortes que se sucederam em dez anos. Mas havia muitos interesses financeiros por trás desses assassinatos, desde policiais especializados em execuções até aqueles que lucravam garantindo a impunidade, para que tudo continuasse como estava.

Essa realidade da segurança pública no Rio de Janeiro vai além de policiais que descumprem a lei para obter vantagens financeiras. A economia do crime é bem estruturada, conta com a participação de diversos atores que se beneficiam financeiramente e ganham poder por meio dessa dinâmica. Ela inclui integrantes da Polícia Civil, da Polícia Militar, do jogo do bicho, do tráfico de drogas e das milícias.

As milícias representam um salto qualitativo nesse modelo de negócio, pois não se limitam a lucrar com atividades criminosas. Elas controlam territórios e começam a compreender a relevância das instituições para que negócios prosperem e a necessidade de se apropriar delas.

As mesmas pessoas que ganham muito dinheiro com o crime também têm uma influência enorme sobre as investigações e um compromisso com a manutenção desses ganhos e negócios que contemplam integrantes das próprias instituições, as quais deveriam coibir tais atividades criminosas. E, assim, a roda gira. Uma coisa sustenta a outra.

Para Bruno Paes Manso, hoje é evidente que os atores que lucram com o crime têm grande influência sobre as investigações e um compromisso com a continuidade de seus ganhos e negócios. Nesse contexto, a trajetória de Ronnie Lessa exemplifica a dinâmica. Girando essa roda, de trás para frente, voltamos a ele.

Até 2009, ainda na ativa como policial militar, Ronnie Lessa atuava como adido na Polícia Civil, ou seja, cedido para trabalhar em delegacias. Mais de uma década após a extinção da Patamo 500, unidade da qual fez parte, ele passou por diferentes delegacias, incluindo a extinta Delegacia de Repressão a Armas e Explosivos (DRAE), a Delegacia de Roubos e Furtos de Cargas (DRFC) e a antiga Divisão de Capturas da Polinter Sul. Nessas unidades, Lessa tinha acesso privilegiado a investigações e informações estratégicas.

Em um de seus depoimentos no âmbito da investigação sobre a execução de Marielle Franco, Ronnie Lessa detalhou o funcionamento de uma rede de corrupção policial, descrevendo como os inquéritos eram manipulados e destruídos no passado. Na época em que os registros eram exclusivamente em papel, segundo ele, bastava um pagamento de R$ 50 mil para que policiais civis simplesmente fizessem um processo "desaparecer". Com a digitalização dos documentos e a inserção no sistema da corporação, a estratégia mudou: agora, o suborno serve para eliminar provas e criar obstáculos que impeçam a elucidação dos crimes. Esse tipo de interferência, segundo Lessa, é ainda mais frequente quando os investigados são milicianos ou contraventores.

> Eu posso adiantar que um grande número de delegados, talvez hoje se tivesse uma intervenção, uma coisa séria, e aparecesse um cara para denunciar, provando que deu dinheiro a tantos delegados, ia ter que abrir concurso. Não ia ter espaço. Meia dúzia que iria se salvar. Essa é a realidade da Polícia Civil. E não é diferente da PM, não. É a mesma coisa. As polícias no Rio de Janeiro estão contaminadas há décadas.[19]

Em resposta às acusações, a Polícia Civil disse que "a declaração, por si só, não tem nenhum crédito se não tiver outros elementos que corroborem as afirmações" – o que é verdade, embora não diga se há alguma investigação que prove o contrário. "Vale ressaltar que o assassino foi preso pela Delegacia de Homicídios pela morte da vereadora Marielle Franco e do motorista Anderson Gomes; logo, ele tem todo o interesse de desqualificar o trabalho da unidade",[20] disseram em nota à jornalista Vera Araújo, em agosto de 2024.

E se a Patamo 500 tivesse sido desarticulada no início?

E se o Cabo Bené tivesse sido devidamente punido quando foi pego com uma arma ilegal?

E se, além de expulso da PM, Bené tivesse sido imediatamente preso?

E se tivessem investigado a morte de bicheiros como deveriam?

Na conversa com o ex-corregedor da PM, Wanderby Medeiros, ele mencionou que uma de suas maiores frustrações como policial militar foi não conseguir implantar na corporação uma lógica mais eficiente de responsabilização criminal, militar e administrativa dos comandantes por práticas ilícitas cometidas por policiais em áreas sob sua responsabilidade. Incluindo, especialmente, a responsabilização pela inércia proposital diante do jogo do bicho e de outras atividades ligadas a ele. As consequências estão aí. Não por culpa de Medeiros ou de outros policiais que tentaram, mas por culpa daqueles que os impediram de operar essas mudanças.

O RECADO DAS MORTES DOS DOZE DE ITAGUAÍ

Em se tratando de políticas de segurança pública, mudança não é algo que acontece com frequência. São anos e anos apostando nas mesmas medidas, esperando resultados diferentes. Muita operação policial, muito tiro, pouca investigação, pouca fiscalização, pouca punição para desvio de condutas que fazem do Rio um estado conhecido mundialmente por seu *Elite Squad* [*Tropa de elite*], o filme.

Apesar de a operação contra a milícia de Itaguaí ter sido organizada e executada por forças civis, em vez de militares, como no filme, as técnicas não diferem muito. A Core é também uma força de elite.

Uma coisa que não muda tanto, tampouco difere a depender da força policial em questão, é o uso político dos agentes de segurança e das políticas públicas na área. Qual o impacto de uma operação como aquela que deixou doze milicianos mortos nas proximidades do posto da PRF? Muda o quê? É uma pergunta que vez ou outra aparece nas redes sociais e nos jornais após grandes operações. Algumas dessas respostas surgiram nas minhas conversas com José Cláudio Souza Alves, Lucas Pedretti, Rodrigo Pimentel e Bruno Paes Manso: as eleições de 2020, a regulação da violência e da política e a militarização da segurança.

Sempre enfático, José Cláudio aponta:

> **O objetivo de grandes operações como essa não é necessariamente desmantelar a estrutura criminosa, mas reorganizar o cenário de poder dentro das milícias e reforçar a autoridade do Estado sobre esses grupos, estabelecendo novos acordos e consolidando alianças políticas.**

Além disso, ele frisa que a operação ocorreu um mês antes das eleições, funcionando como um palanque para a promoção política das autoridades envolvidas. O então secretário de Polícia Civil Allan Turnowski e o governador Cláudio Castro eram candidatos.

E aqui vale rememorarmos um fato nada desprezível. Cerca de dois anos após a posse como secretário da Polícia Civil, em setembro de 2022, Turnowski foi preso sob suspeita de envolvimento com o jogo do bicho.[21] As investigações do Ministério Público, que levaram também à prisão do delegado Maurício Demétrio, mostraram que os dois policiais planejavam forjar um flagrante por corrupção contra o prefeito do Rio, Eduardo Paes, que tentava a reeleição. A ideia era armar um flagrante e prender o prefeito. Eles foram presos, e Paes foi reeleito. Allan Turnowski foi solto logo depois e pode voltar à vida pública a qualquer momento.[22]

A operação que ele preparou em 2020, ao que tudo indica e segundo aponta José Cláudio Souza Alves, fazia parte de um ciclo de acordos e reconfigurações dentro do crime organizado, no qual a polícia atua como mediadora de interesses entre diferentes facções e grupos armados, em vez de ser uma força de enfrentamento contra a criminalidade – voluntariamente ou não. Às vezes é parte ativa e interessada, às vezes é instrumento.

Isso faz mais sentido quando vemos que, depois da operação que resultou nas doze mortes dos milicianos de Itaguaí, a milícia de fato se reconfigurou, se dividindo em duas e transformando cidades da Baixada em verdadeiros campos de batalha à luz do dia. Mudou também o poder de barganha dos grupos, como foi o caso de Tandera negociando cargos com candidatos.

Luiz Eduardo Soares vai na mesma direção. Para ele, as operações contra milicianos não visam necessariamente desmantelar essas organizações, mas, sim, regular seus excessos, impedir que ultrapassem certos limites de poder. Assim, elas acabam por consolidar novas alianças entre os grupos armados e o Estado.

> Enquanto a milícia apoiava determinadas candidaturas, sua atuação era tolerada. No entanto, quando os próprios milicianos começaram a lançar candidatos e a expandir seu poder político, tornou-se necessário impor limites

É o que Soares sublinha Soares ao explicar que o establishment político às vezes precisa recuar estrategicamente e reorganizar as alianças, garantindo que a influência das milícias não ultrapassasse os acordos estabelecidos.

Lucas Pedretti, focando a questão da militarização cada vez mais acentuada da segurança, relaciona o envolvimento da PRF com a Core como um fator incomum, algo que reforça a ideia de que há uma estratégia mais ampla de ir militarizar as polícias, demonstrando força política – o que vai ao encontro do pensamento de Daniel Hirata, que tem se dedicado ao estudo das polícias, suas ações e o impacto delas. Para Hirata, a eliminação da milícia não é em si o objetivo de ações como essas, mas a regulação e a reconfiguração. As forças de segurança podem estar sendo utilizadas para intervir em disputas dentro da milícia, favorecendo determinados grupos ou realinhando os interesses entre crime e Estado.

Analisando a mesma questão, Rodrigo Pimentel lembra que a gestão de Turnowski priorizou o enfrentamento às milícias de maneira direcionada, o que pode ter sido parte de uma estratégia política do governo Cláudio Castro para se distanciar de acusações de envolvimento com milicianos e fortalecer sua imagem pública no combate ao crime organizado – o que, em maior ou menor medida, converge com as demais visões. Não é polícia. É política. A polícia é um meio de se chegar aonde se quer na política.

***

No dia em que eu estava escrevendo sobre as consequências da impunidade de maus policiais e a insistência em um modelo ultrapassado e fracassado de segurança pública, houve uma operação policial no Complexo do Alemão e da Penha que durou quinze horas – foi a terceira megaoperação, com centenas de policiais, em menos de dez dias.[23] Era 24 de janeiro de 2025. Embora não haja imagens, a PM disse que apreendeu uma tonelada de drogas. O tiroteio intenso deixou seis mortos e oito feridos. Dentre essas quatorze pessoas, um policial militar e dois idosos foram mortos.[24] Um rapaz estava a caminho do trabalho, um no quintal, outro dentro de casa, e um jardineiro foi morto enquanto tomava café, perto de uma estação de ônibus.

As imagens capturadas por dois fotógrafos premiados, moradores do Alemão, são tão impactantes quanto cenas de guerra. Bruno Itan e Betinho Casas Novas documentaram o terror da operação de forma visceral. Uma casa, que antes possuía um muro no quintal e, ao lado, uma piscina de plástico, foi tão alvejada que parecia um arco de passagem, com buracos de mais de um metro de diâmetro. Carros e residências exibiam dezenas de marcas de tiros, enquanto moradores, visivelmente abalados, carregavam corpos de vizinhos em colchas de cama floridas, tentando reunir o que restava de suas vidas em meio ao caos.

Ao comentar o desastre, Vitor Santos, secretário de Segurança, afirmou que "o Estado tem que se fazer presente".[25]

> **A gente trabalha para que não haja [vítimas], o planejamento, a inteligência é nesse sentido. A gente não quer inocentes mortos, a gente não quer polícia morto e nem o traficante. O objetivo é chegar ali e prendê-los, se eles não resistirem. Essa escolha do confronto é do criminoso, não é do policial.**[26]

Somente um dos dois lados dessa batalha tem, ou deveria ter, responsabilidade em relação à vida de moradores e policiais quando planeja uma operação com mais de quinhentos homens e dez unidades policiais envolvidas, dentre elas a Core: o Estado. O policial e os moradores mortos e feridos são resultados de uma ação mal planejada, como tantas outras que se repetem há anos sem que ninguém seja responsabilizado.

A incompatibilidade entre o *ethos* guerreiro do "fazer polícia" e a polícia descrita nos regimentos e na Constituição, de que fala o corregedor, é latente. Como bem lembra o Sargento Silva: "a PM forma soldados e guerrilheiros." Isso também tem a ver com uma certa ideia de masculinidade – o homem de verdade não poder ser visto como fraco. O respeito dos pares depende disso. Ser fraco, nesse sentido, não é sobre fragilidade, mas sobre ser inocentemente correto.

Bruno Paes Manso vê nessa afirmação da masculinidade uma justificativa para além do dinheiro, dentre as razões que levam um homem que estudou para ser policial a se tornar um miliciano. Vai além da questão econômica, porque diz respeito a reconhecimento, a ser visto como alguém importante, que merece respeito. Você conseguir se libertar de abaixar a cabeça para os outros, poder ser alguém que manda, ao invés de obedecer. Você é alguém que faz o seu próprio caminho, e isso implica um reconhecimento da sua capacidade de se impor. Isso é muito masculino. Viril. E mostra que ninguém nasce miliciano – se torna.

A atividade policial é, na maior parte dos casos, essa incubadora. Bruno pontua que a carreira na PM oferece um reconhecimento social, mas, quando a coisa está degringolada, o policial que respeita as regras, que obedece às ordens e que é contra o crime, será provavelmente humilhado e desrespeitado na corporação.

Ele faz uma comparação com o filme *Serpico*,[27] no qual Al Pacino é um policial em Nova York contra a propina e contra o crime. Pois bem, ele sofre um atentado e é humilhado no vestiário. A possibilidade de ir contra um esquema que funciona há tanto tempo é praticamente impossível. A frustração do ex-corregedor Wanderby Medeiros é um exemplo disso.

Há uma passagem no livro do Sargento Silva e de Sérgio Ramalho em que o PM fala da humilhação que sofreu quando tentou mudar sua escala de trabalho sem pagar o pedágio para o oficial que cuidava dos turnos. Isso está descrito em um capítulo intitulado "A perversão começa na formação".[28] Quando era capitão, o falecido Major Alexandre, conhecido por seu caráter questionador, foi punido com vinte dias de prisão administrativa devido a um *tweet* que desagradou o comandante da tropa.[29] Conforme registrado no boletim interno, o militar sofreu represália por ter publicado no antigo Twitter mensagens consideradas negativas, depreciativas e irônicas em relação a uma decisão oficial do comandante. Segundo o capitão, o motivo foi um comentário que fez sobre sua nomeação como Oficial de Ligação entre o Comando Geral da PM e o Instituto de Segurança Pública. "Falei no Twitter que estava me achando importante, mas que não sabia a atribuição do cargo. Estou no meu direito constitucional de liberdade de expressão."

A obediência – sem questionamento – é um valor praticamente absoluto na corporação. Alguns buscam outras formas de obter respeito nesse ambiente. Para Bruno Paes Manso, quando a milícia aparece como uma possibilidade, alguns abraçam. E abraçam para conseguir esse reconhecimento social no grupo de homens que compartilham a mesma vivência, as mesmas questões e os mesmos anseios.

A MILÍCIA COME AO LADO

Recebi uma dica de uma fonte e resolvi conferir. Fui jantar no Fratelli, restaurante italiano colado no Hotel Windsor, na avenida Lúcio Costa, na Barra, num sábado à noite. Caminhando pela entrada coberta, com umas luzes que pareciam ainda de Natal, me lembrei de um texto da seção Esquina, da revista *Piauí*, uma reunião de textos breves que costuma trazer histórias muito boas que você não vê em qualquer lugar.

Na Esquina de título "A turma do caranguejo", a jornalista Ana Clara Costa detalhava as "tardes e noites no Satyricon, onde se farta a elite carioca".[30] O texto, leve e sarcástico, traz uns pontos muito curiosos sobre como comem e vivem – e com quem se relacionam – as pessoas mais poderosas do Rio, e do país, depois que o Antiquarius fechou.

O Antiquarius foi uma referência da alta gastronomia carioca nas décadas de 1980 e 1990.[31] Presidentes e estrelas internacionais marcaram a história do restaurante português, localizado na quadra da praia no Leblon. De Madonna ao rei da Espanha, praticamente todos os VIPs que visitavam o Rio de Janeiro passaram pelo Antiquarius. Mas, no dia a dia, o restaurante era o ponto favorito de gente graúda da política e do empresariado brasileiro. A crise veio quando boa parte dos clientes foi presa na Operação Lava Jato. Prova disso é que o restaurante fechou no início de junho de 2018.[32]

Os órfãos do restaurante migraram para o concorrente Satyricon, em Ipanema. O restaurante funciona há quase quatro décadas, oferecendo "uma experiência única" com pratos requintados da cozinha mediterrânea. A jornalista narra cenas de disputa de bicheiros por mesas e até uma operação da Polícia Federal para prender um traficante internacional de drogas entre lagostas e vinho branco francês. Mas nada que espante a clientela. A rotatividade de eventos policiais faz com que se esqueça rápido do que passou.

Não fui ao Satyricon, mas fui ao Fratelli, pois a casa de massas foi indicada pela minha fonte como um dos lugares preferidos dos milicianos para jantares e comemorações. É um lugar bonito, ambiente aconchegante, com bom atendimento e preços salgados para quem leva uma vida de classe média-média. Daria para ir vez ou outra, mas sem pedir os vinhos franceses de R$ 15 mil ou os espanhóis de R$ 9 mil. É possível ter uma boa noite com os vinhos mais modestos da casa custando R$ 189.

Apesar de alguns dos preços serem classe A, o menu é daqueles de plástico como você encontraria em um bar qualquer na Lapa. A comida é saborosa, bem servida e com nomes comuns, sem firulas. Massas, carnes, pizza e sorvete. No Satyricon, o cardápio é de comidas que, de onde eu vim, seriam chamadas de frescas. Comida fresca, de gente fresca, que hoje eu sei que significa gente rica. Burrata com ovas de salmão e bottarga, creme de crustáceos e caranguejos gigantes da Patagônia ou do Alasca. Mas, curiosamente, os preços são muito similares. Há pratos com preços mais classe média-alta, R$ 200 a R$ 300, e há aqueles caranguejos cuja unidade custa R$ 2.500, acompanhados de três molhinhos.

Foi uma boa ideia deixar para ir ao restaurante após ter falado com tanta gente, pois assim eu consegui fazer conexões e prestar atenção em particularidades. Essa comparação entre o Satyricon e o Fratelli é uma delas. O valor gasto e a ostentação para se mostrar quem é seriam iguais. Mas o ex-juiz e agora advogado Marcelo Borges fez um comentário que guardei. "A diferença entre o traficante e o miliciano é que ele pode sair. Pode ir aonde quiser e gastar seu dinheiro." Isso, somado ao que ouvi repetidamente sobre pertencimento e territorialidade, faz sentido quando se leva em consideração o lugar de onde você veio e onde você está acostumado a transitar e viver. E vale para o que eu disse sobre mim, sobre a comida fresca, mas também para o miliciano, que é uma pessoa que agora tem muito dinheiro. Mas ele comeria bottarga? Ele já viu bottarga? Pode ser que sim. Eu só soube o que era isso depois dos trinta anos de idade. E não, eu não gosto. Meu paladar não aceita.

Mostrar que tem bala na agulha, que hoje manda e não é mais mandado, é parte do mundo dos novos ricos, que têm muito dinheiro e fazem questão de mostrar, não apenas podendo comprar um vinho de R$ 15 mil, mas também com as joias extravagantes que são marca registrada dos milicianos – e que já se tornaram também uma característica do carioca comum que pode pagar caro em um cordão de ouro pesado.

Esse ponto de encontro dos milicianos, com o estacionamento lotado de Amarok – um modelo de pickup robusta que mais parece ter sido feita para usar no campo do que na cidade –, oferece o luxo, mas sem deixar de lado o aconchego e o pertencimento. Como bem disse Marcelo Borges: "eles podem andar por toda a cidade, embora sejam mais comuns e se sintam mais à vontade pela Barra da Tijuca e por toda a Zona Oeste." O Fratelli pode ser o preferido, mas é apenas mais um lugar na cidade onde essas pessoas gastam seu dinheiro, e, assim, a economia do Rio de Janeiro gira – em alguns lugares mais do que em outros. Os novos ricos gastam pela cidade o dinheiro extorquido dos cada vez mais pobres, já que o número de milícias e milicianos cresceu assustadoramente nos últimos anos.

O Cabo Bené, por exemplo, não ostentava sinais de riqueza. Oficialmente, ele e sua esposa eram donos de lojas, mas há dúvidas sobre a real existência desses estabelecimentos – conforme me confidenciou um investigador. Depois, sua família se viu envolvida em um caso de lavagem de dinheiro, mas o inquérito não chegou a uma conclusão definitiva, pois os valores movimentados eram considerados relativamente baixos.

O que se sabe é que Bené e outros milicianos não costumavam acumular patrimônio formal. Eles gastavam tudo o que ganhavam em carros e um estilo de vida relativamente luxuoso e efêmero – sem se preocupar em transformar seus ganhos ilícitos em bens fixos ou investimentos duradouros.

Bené nasceu, cresceu e morreu na Zona Oeste do Rio de Janeiro. Apesar de, a certa altura da vida, ter tido acesso a dinheiro, continuava o mesmo Bené, que circulava em um perímetro seguro, dentro do que conhecia. E, ao que mostram as casas listadas em suas fichas profissionais e no Detran como seus endereços, nem era tanto dinheiro assim. Solteiro, deixou três filhos. Um deles ainda menor de idade.

Notas

MAL COM MAL

1   J. Padilha, *Tropa de elite*, 2007.

2   No Rio de Janeiro, a tropa de elite da Polícia Militar é o Batalhão de Operações Policiais Especiais (Bope), unidade especializada em combate ao crime organizado, resgate de reféns e operações em áreas de alto risco. Conhecido pelo símbolo da caveira e pelo treinamento rigoroso, o Bope atua em confrontos armados e em missões estratégicas que exigem táticas avançadas. (N.E.)

3   NUNES, M. "Milícia de Rio das Pedras, na Zona Oeste do Rio, forneceu arma usada para matar Marielle e Anderson". *O Globo*, 23 mar. 2024. Disponível em <https://oglobo.globo.com/rio/noticia/2024/03/25/milicia-de-rio-das-pedras-na-zona-oeste-do-rio-forneceu-arma-usada-para-matar-marielle-e-anderson.ghtml>. Acesso em 14 mar. 2025.

4   MELLO, I. "Milícia cresce 387% e ocupa metade do território do crime no RJ, diz estudo". *UOL*, 13 set. 2022. Disponível em <https://noticias.uol.com.br/cotidiano/ultimas-noticias/2022/09/13/milicia-cresce-161-e-ocupa-metade-do-territorio-do-crime-no-rj-diz-estudo.htm>. Acesso em 14 mar. 2025.

5   MONTEIRO, J. e NASCIMENTO, R. "Extração ilegal de areia abastece construções irregulares da milícia no RJ, aponta investigação". *O Globo*, 26 abr. 2023. Disponível em <https://g1.globo.com/rj/rio-de-janeiro/noticia/2023/04/26/extracao-ilegal-de-areia-abastece-construcoes-irregulares-da-milicia-no-rj-aponta-investigacao.ghtml>. Acesso em 14 mar. 2025.

6   GALDO, R. e SOARES, R. "Negócios da milícia: de postos de combustíveis a farmácias, Zinho controla comércio na Zona Oeste do Rio". *Extra*, 26 out. 2023. Disponível em <https://extra.globo.com/rio/casos-de-policia/noticia/2023/10/negocios-da-milicia-de-postos-de-combustiveis-a-farmacias-miliciano-zinho-controla-comercio-na-zona-oeste.ghtml>. Acesso em 14 mar. 2025.

7   MONTEIRO, J. e NASCIMENTO, R. "Extração ilegal de areia abastece construções irregulares da milícia no RJ, aponta investigação". *O Globo*, 26 abr. 2023. Disponível em <https://g1.globo.com/rj/rio-de-janeiro/noticia/2023/04/26/extracao-ilegal-de-areia-abastece-construcoes-irregulares-da-milicia-no-rj-aponta-investigacao.ghtml>. Acesso em 14 mar. 2025.

8   TOKARNIA, M. "Restrições impostas pela milícia no Rio vão de água a convívio social". *Agência Brasil - EBC*, 24 out. 2023. Disponível em <https://agenciabrasil.ebc.com.br/geral/noticia/2023-10/restricoes-impostas-pela-milicia-no-rio-vao-de-agua-a-convivio-social>. Acesso em 14 mar. 2025.

9   FIGUEIRA, R. "Milicianos cortam cabos de internet e impõem serviço clandestino na Zona Norte". *Tupi FM*, 9 jan. 2025. Disponível em <https://www.tupi.fm/rio/milicianos-cortam-cabos-de-internet-e-impoem-servico-clandestino-na-zona-norte/>. Acesso em 14 mar. 2025.

10 REGUEIRA, Chico. "Raio-x das vans no Rio: milicianos e traficantes lucram milhões à base de propinas a agentes públicos e violência". *O Globo*, 24 ago. 2021. Disponível em <https://g1.globo.com/rj/rio-de-janeiro/noticia/2021/08/24/raio-x-das-vans-no-rio-rj2.ghtml>. Acesso em 14 mar. 2025.

11 SOARES, R. "Mortes em ações da PRF crescem no Rio após respaldo para atuar em favelas". *O Globo*, 25 jul. 2022. Disponível em <https://oglobo.globo.com/rio/noticia/2022/07/mortes-em-acoes-da-prf-crescem-no-rio-apos-respaldo-para-atuar-em-favelas.ghtml>. Acesso em 25 mar. 2025.

12 COSTA, C. e SOUSA, T. "Força-tarefa da Polícia Civil com PRF intercepta comboio de milicianos em Itaguaí; 12 suspeitos são mortos". *Extra*, 15 out. 2020. Disponível em <https://extra.globo.com/casos-de-policia/forca-tarefa-da-policia-civil-com-prf-intercepta-comboio-de-milicianos-em-itaguai-12-suspeitos-sao-mortos-24695090.html>. Acesso em 14 mar. 2025.

13 Carlos Eduardo Benevides Gomes, Magnun Cirilo da Silva, Emerson Benedito da Silva, Wagner Eduardo da Cruz, Paulo Cesar Casimiro Duarte, Maicon Rodrigo da Costa, Rodrigo Faustino Gamma, Walace dos Santos Lopes, Luiz Felipe Pereira Bertoldo, João Vitor Leitão Rangel, Otavio Victor Schwantes de Araújo, Mateus dos Santos Silva.

14 Depoimento dado ao Ministério Publico. (Doc: 00026752420218190024 – MP)

15 BARRETO FILHO, H. "Polícia mata 5 suspeitos em combate à ação de milícia na eleição do RJ". *Notícias UOL*, 15 out. 2020. Disponível em <https://noticias.uol.com.br/cotidiano/ultimas-noticias/2020/10/15/policia-mata-5-suspeitos-em-combate-a-acao-das-milicias-nas-eleicoes-do-rio.htm>. Acesso em 25 de mar. 2025.

16 SOUZA, R. "Entenda força-tarefa da polícia que pode ter atrapalhado plano de expansão da milícia e apura interferência nas eleições do RJ". *O Globo*, 17 out. 2020. Disponível em <https://oglobo.globo.com/rio/entenda-forca-tarefa-da-policia-que-pode-ter-atrapalhado-plano-de-expansao-da-milicia-apura-interferencia-nas-eleicoes-do-rj-24697796>. Acesso em 24 mar. 2025.

17 A Operação *Freedom*, realizada em 2021 pelo Ministério Público do Rio de Janeiro, buscou desarticular uma organização criminosa envolvida em tráfico de drogas, extorsão e lavagem de dinheiro. A ação resultou no cumprimento de mandados de prisão e busca e apreensão, focando também em conexões com facções e corrupção. O objetivo foi enfraquecer o crime organizado e suas relações com políticos e empresários locais. (N.E.)

18 NITAHARA, A. "Polícia Civil cria força-tarefa para combater crimes no Rio", *Agência Brasil*, 13 out 2020. Disponível em <https://agenciabrasil.ebc.com.br/geral/noticia/2020-10/policia-civil-cria-forca-tarefa-para-combater-crimes-no-rio>. Acesso em 14 mar 2025.

19 SOUZA, R. de. "Entenda força-tarefa da polícia que pode ter atrapalhado plano de expansão da milícia e apura interferência nas eleições do RJ". *O Globo*, 17 out. 2020. Disponível em <https://oglobo.globo.com/rio/entenda-forca-tarefa-da-policia-que-pode-ter-atrapalhado-plano-de-expansao-da-milicia-apura-interferencia-nas-eleicoes-do-rj-24697796>. Acesso em 14 mar. 2025.

20 Pedido de informação via Lei de Acesso à Informação nº 61902551.

21 Pedido de informação via Lei de Acesso à Informação nº 0819803624.

22 COELHO, H. "O que se sabe sobre a morte de Ecko, o miliciano mais procurado do RJ". *O Globo*, 13 jun. 2021. Disponível em <https://g1.globo.com/rj/rio-de-janeiro/noticia/2021/06/13/o-que-se-sabe-sobre-a-morte-de-ecko-o-miliciano-mais-procurado-do-rj.ghtml>. Acesso em 14 mar. 2025.

23 LEMOS, M. "Tandera e Zinho, irmão de Ecko: quem são os milicianos em guerra no Rio". *UOL*, 19 set. 2021. Disponível em <https://noticias.uol.com.br/cotidiano/ultimas-noticias/2021/09/19/tandera-e-zinho-quem-sao-os-milicianos-por-tras-da-guerra-por-territorios.htm>. Acesso em 14 mar. 2025.

24 EUFRÁSIO, J., CASTRO, A. e CARONE, C. "Milícia no RJ: Zinho se entrega e vai para prisão de segurança máxima". *Metropóles*, 25 dez. 2023. Disponível em <https://www.metropoles.com/brasil/milicia-no-rj-zinho-se-entrega-e-vai-para-prisao-de-seguranca-maxima>. Acesso em 14 mar. 2025.

25 OLLIVEIRA, C. "Pressionado, Cláudio Castro muda lei para empossar 'policial influencer' Marcus Amim como secretário no Rio". *Intercept Brasil*, 19 out. 2023. Disponível em <https://www.intercept.com.br/2023/10/19/policia-claudio-castro-muda-lei-e-empossa-policial-influencer-marcus-amim-em-secretaria/>. Acesso em 14 mar. 2025.

26 GUEDES, O. "Sem plano, Castro ressuscita a política do inimigo público número 1". *G1*, 24 out. 2023. Disponível em <https://g1.globo.com/politica/blog/octavio-guedes/post/2023/10/24/sem-plano-castro-ressuscita-a-policia-do-inimigo-publico-numero-1.ghtml>. Acesso em 25 mar. 2025.

27 OLLIVEIRA, C. "Pressionado, Cláudio Castro muda lei para empossar 'policial influencer' Marcus Amim como secretário no Rio". *Intercept Brasil*, 19 out. 2023. Disponível em <https://www.intercept.com.br/2023/10/19/policia-claudio-castro-muda-lei-e-empossa-policial-influencer-marcus-amim-em-secretaria/>. Acesso em 14 mar. 2025.

28 G1. "PM investiga uso do blindado 'Caveirão' em apoio a milicianos no subúrbio". *Globo*, 05 fev. 2007. Disponível em <https://g1.globo.com/Noticias/Rio/0,,MUL4086-5606,00--pm+investiga+uso+do+blindado+caveirao+em+apoio+a+milicianos+no+suburbio.html>. Acesso em 14 mar. 2025.

29 Ver página 14.

30 *Milícia RJ News*, 2025. Disponível em <https://x.com/RjMilicia/status/1879308029382066576>. Acesso em 25 mar. 2025.

31 Idem.

32 SALEME, I. "Miliciano Zinho é transferido para presídio federal de segurança máxima, no MS". *CNN Brasil*, 16 mar. 2024. Disponível em <https://www.cnnbrasil.com.br/nacional/miliciano-zinho-e-transferido-para-presidio-de-seguranca-maxima-no-ms/>. Acesso em 14 mar. 2025.

33 COSTA, A. C. e DAMASCENO, N. "Polícia procura o corpo da oitava vítima de chacina em favela de Campo Grande". *Extra*, 25 ago. 2008. Disponível em <https://extra.globo.com/noticias/rio/policia-procura-corpo-da-oitava-vitima-de-chacina-em-favela-de-campo-grande-565361.html>. Acesso em 14 mar. 2025.

34 CASTRO, J. "Filho de vereador participou de chacina na Favela do Barbante, diz delegado". *Notícias UOL*, 21 ago. 2008. Disponível em <https://noticias.uol.com.br/cotidiano/ultimas-noticias/2008/08/21/filho-de-vereador-participou-de-chacina-na-favela-do-barbante-diz-delegado.htm>. Acesso em 14 mar. 2025.

35 Idem.

36 MARTINS, J. "Polícia: Chacina na favela do Barbante beneficiaria candidatura de filha de Jerominho". *Extra*, 20 ago. 2008. Disponível em <https://extra.globo.com/noticias/rio/policia-chacina-na-favela-do-barbante-beneficiaria-candidatura-de-filha-de-jerominho-562833.html>. Acesso em 25 mar. 2025.

37 TERRA. "Rio: testemunha relata chacina e pede ajuda para não morrer". *Terra Notícias*, 5 jul. 2009. Disponível em <https://www.terra.com.br/noticias/brasil/policia/rio-testemunha-relata-chacina-e-pede-ajuda-para-nao-morrer,68cc6ce675e4b310VgnCLD200000bbcceb0aRCRD.html>. Acesso em 14 mar. 2025.

38 PADRE MIGUEL NEWS. "Relatos de muitos tiros agora a pouco na região do Jardim Novo, em Realengo". *Padre Miguel News*, 14 jan. 2025. Disponível em <https://www.instagram.com/p/DE0MonOvne6>. Acesso em 14 mar. 2025.

39 Gatonet é um termo usado para se referir ao acesso clandestino a serviços de TV por assinatura e internet. Normalmente, isso ocorre por meio de ligações irregulares à rede de operadoras (o famoso "gato"), uso de decodificadores piratas ou aplicativos que desbloqueiam canais pagos sem autorização. (N.E.)

40 SOUZA, R. de. "Milícia de Ecko expandiu atuação para o Porto de Itaguaí, Mangaratiba e Angra dos Reis, segundo investigações". *Extra*, 16 out. 2020. Disponível em <https://extra.globo.com/casos-de-policia/milicia-de-ecko-expandiu-atuacao-para-porto-de-itaguai-mangaratiba-angra-dos-reis-segundo-investigacoes-24696451.html>. Acesso em 14 mar. 2025.

41 G1. "Polícia e Receita apreendem 168 mil aparelhos para acesso a canais de TV de forma clandestina no RJ". *G1*, 21 out. 2020. Disponível em <https://g1.globo.com/rj/rio-de-janeiro/noticia/2020/10/21/policia-e-receita-apreendem-168-mil-aparelhos-para-acesso-a-canais-de-tv-de-forma-clandestina-no-rj.ghtml>. Acesso em 14 mar. 2025.

42 *Memórias de Itaguaí* (página do Facebook), 2020. Disponível em <https://www.facebook.com/photo.php?fbid=1786728541468693&d=154390338035863&set=a.512249932249900&_rdc=2&_rdr#>. Acesso em 14 mar. 2025.

43 LANNOY, C. de C. "Siderúrgica citada por poluição 'devastadora' em Santa Cruz parou de divulgar níveis de emissão de poluente nocivo à saúde". *O Globo*, 23 set. 2024. Disponível em <https://g1.globo.com/rj/rio-de-janeiro/noticia/2024/09/23/siderurgica-citada-por-poluicao-devastadora-em-santa-cruz-tem-falha-na-divulgacao-niveis-de-emissao-de-poluente-nocivo-a-saude.ghtml>. Acesso em 14 mar. 2025.

44 Santa Cruz é um bairro da Zona Oeste da cidade do Rio de Janeiro, bem próximo à Baixada Fluminense onde está localizada a cidade de Itaguaí. (N.E.)

45 R. Soares, *Milicianos: como agentes formados para combater o crime passaram a matar a serviço dele*, 2023, p. 248.

46 B. P. Manso, *A república das milícias: dos esquadrões da morte à era Bolsonaro*, 2020, p. 183.

47 HERINGER, C. e SOARES, R. "Tropa do 'Capitão Braga': levantamento revela ligação de 80 agentes egressos de forças de segurança com a milícia de Ecko". *O Globo*, 27 jun. 2021. Disponível em <https://oglobo.globo.com/rio/tropa-do-capitao-braga-levantamento-revela-ligacao-de-80-agentes-egressos-de-forcas-de-seguranca-com-milicia-de-ecko-25079127>. Acesso em 14 mar. 2025.

48 L. Dowdney, *Crianças do tráfico: um estudo de caso de crianças em violência armada organizada no Rio de Janeiro*, 2003.

49 M. Glenny, *O Dono do Morro: um homem e a batalha pelo Rio*, 2016, p. 66.

50 ARAÚJO, Vera. "Milícias de PMs expulsam tráfico". *O Globo*, 15 set. 2006. Disponível em <https://oglobo.globo.com/rio/milicias-de-pms-expulsam-trafico-4560083>. Acesso em 14 mar. 2025.

51 S. Ramalho, *Decaído: a história do capitão do Bope Adriano da Nóbrega e suas ligações com a máfia do jogo, a milícia e o clã Bolsonaro*, 2024, p. 208.

52 G1. "Quem é Capitão Guimarães, ex-presidente da Vila Isabel e um dos principais bicheiros do RJ". *G1*, 01 set. 2023. Disponível em <https://g1.globo.com/rj/rio-de-janeiro/noticia/2023/09/01/quem-e-capitao-guimaraes-ex-presidente-da-vila-isabel-e-um-dos-principais-bicheiros-do-rj.ghtml>. Acesso em 14 mar. 2025.

53 CLAUDINO, N. "Minha dor não sai no jornal". *Piauí*, ago. 2011. Disponível em <https://piaui.folha.uol.com.br/materia/minha-dor-nao-sai-no-jornal/>. Acesso em 14 mar. 2025.

54 Idem.

55 MEMÓRIA GLOBO. "Ocupação do Complexo do Alemão". *O Globo*, 12 jan. 2022. Disponível em <https://memoriaglobo.globo.com/jornalismo/jornalismo-e-telejornais/jornal-nacional/reportagens-e-entrevistas/noticia/ocupacao-do-complexo-do-alemao.ghtml>. Acesso em 14 mar. 2025.

56 L. M. Carvalho, *Cobras criadas*, 2004.
57 J. C. S. Alves, *Dos barões ao extermínio: uma história da violência na Baixada Fluminense*, 2003.
58 MESQUITA, C. "'Termo narcomilícia apaga papel da segurança pública na estrutura miliciana', afirma sociólogo". *Brasil de Fato*, 6 nov. 2023. Disponível em <https://www.brasildefato.com.br/2023/11/06/termo-narcomilicia-apaga-papel-da-seguranca-publica-na-estrutura-miliciana-afirma-sociologo/>. Acesso em 14 mar. 2025.
59 Idem.
60 Mapa Histórico dos Grupos Armados do RJ – Grupo de Estudos de Novos Ilegalismos da Universidade Federal Fluminense (UFF) e Fogo Cruzado.
61 RODRIGUES, M. M. Edson. "Em terceira maior favela do Brasil, Rio das Pedras, oscilações da maré e mudanças climáticas aumentam alagamentos de esgoto". *Rio on watch*, 1 jan. 2024. Disponível em <https://rioonwatch.org.br/?p=70798>. Acesso em 14 mar. 2025.
62 LEAL, A. "O nascimento da milícia em Rio das Pedras, pela visão de um morador". *O Globo*, 25 jul. 2019. Disponível em <https://oglobo.globo.com/epoca/rio/o-nascimento-da-milicia-em-rio-das-pedras-pela-visao-de-um-morador-23831103>. Acesso em 14 mar. 2025.
63 LIMA, B. "Berço da milícia no RJ foi alvo de apenas oito operações em três anos". *Metropóles*, 20 nov. 2023. Disponível em <https://www.metropoles.com/colunas/guilherme-amado/berco-da-milicia-no-rj-foi-alvo-de-apenas-oito-operacoes-em-tres-anos>. Acesso em 14 mar. 2025.
64 Kondzilla, J. Araújo, *Sintonia*, 2019.
65 FREIRE, A. "MPF denuncia Álvaro Lins, Garotinho e mais 14 pessoas". *G1*, 29 maio 2008. Disponível em <https://g1.globo.com/Noticias/rio/0,,mul582735-5606,00-mpf+denuncia+alvaro+lins+garotinho+e+mais+pessoas.html>. Acesso em 25 mar. 2025.
66 FANTTI, B. "Turnowski: primeiro ano de gestão marcado por recorde de prisões de milicianos". *O Dia*, 12 set. 2021. Disponível em <https://odia.ig.com.br/rio-de-janeiro/2021/09/6233120-turnowski-primeiro-ano-de-gestao-marcado-por-recorde-de-prisoes-de-milicianos.html>. Acesso em 14 mar. 2025.
67 MARINI, E. "Le Cocq gerou o Esquadrão da Morte e 'parcerias' com os bicheiros do Rio". *R7*, 19 out. 2019. Disponível em <https://noticias.r7.com/brasil/le-cocq-gerou-o-esquadrao-da-morte-e-parcerias-com-os-bicheiros-do-rio-29062022/>. Acesso em 14 mar. 2025.
68 FOLHA DE S.PAULO. "Le Cocq vive 'fim melancólico' no Rio". *Folha de São Paulo*, 28 maio 2006. Disponível em <https://www1.folha.uol.com.br/fsp/cotidian/ff2805200610.htm>. Acesso em 14 mar. 2025.

69 A. Rego Neto, "A lenda dos doze homens de ouro", *Adepol RJ*, 2015.
70 A. Rego Neto, *Le Cocq e a Scuderie: uma aventura pelas máximas e crônicas policiais*, 2022.
71 A. Rego Neto, "A lenda dos doze homens de ouro", *Adepol RJ*, 2015.
72 *American Battlefield Trust*, Philippe Sheridan. Disponível em <https://www.battlefields.org/learn/biographies/philip-sheridan>. Acesso em 14 mar. 2025.
73 "The massacre that emboldened white supremacists", *The New York Times*, 2020. em <https://www.nytimes.com/2020/08/28/opinion/black-lives-civil-rights.html>. Acesso em 8 mar. 2025.
74 L. Pedretti, *A transição inacabada: violência de Estado e direitos humanos na redemocratização*, 2024.
75 PEDRETTI, Lucas. "Os kids pretos foram a origem do Bope e das megachacinas". *Intercept Brasil*, 16 dez. 2024. Disponível em <https://www.intercept.com.br/2024/12/16/os-kids-pretos-foram-a-origem-do-bope-e-das-megachacinas/>. Acesso em 14 mar. 2025.

A FORÇA QUE EMANA DE DENTRO

1 G1, "Ex-PM Ricardo Batman é preso na Zona Oeste do Rio", 2009.
2 G1. "Miliciano conhecido como Batman é condenado a 16 anos de prisão por morte de motorista de van". *G1*, 29 abr. 2022. Disponível em <https://g1.globo.com/rj/rio-de-janeiro/noticia/2022/04/29/miliciano-conhecido-como-batman-e-condenado-a-16-anos-de-prisao-por-morte-de-motorista-de-van.ghtml>. Acesso em 25 mar. 2025.
3 SARTRIANO, N. "Milícia em Santa Cruz, no Rio, tem faturamento de R$ 300 milhões por ano". *G1*, 25 abr. 2018. Disponível em <https://g1.globo.com/rj/rio-de-janeiro/noticia/milicia-em-santa-cruz-tem-faturamento-de-r-300-milhoes-por-ano.ghtml>. Acesso em 25 mar. 2025.
4 ALESSI, G. "Os fundadores da milícia Liga da Justiça querem reerguer seu império político (e cuidar dos netos)". *El País*, 8 maio 2019. Disponível <https://brasil.elpais.com/brasil/2019/05/05/politica/1557066247_273526.html>. Acesso em 25 mar. 2025.
5 FILHO, H. B. "Milícia é uma reação ao 'esculacho', diz acusado de fundar Liga da Justiça". *UOL*, 16 fev. 2020. Disponível em <https://noticias.uol.com.br/cotidiano/ultimas-noticias/2020/02/16/entrevista-jerominho-condenado-chefiar-milicia.htm>. Acesso em 25 mar. 2025.

6   ARAUJO, C. et al. "Jerominho é morto a tiros em Campo Grande, na Zona Oeste do Rio; ação durou 44 segundos". *Extra*, 4 ago. 2022. Disponível em <https://oglobo.globo.com/rio/noticia/2022/08/jerominho-e-baleado-em-campo-grande-na-zona-oeste-do-rio.ghtml>. Acesso em 25 mar. 2025.

7   SOARES, R. "Cartas apreendidas pela polícia expõem racha entre Jerominho e Batman, fundadores da maior milícia do Rio". *O Globo*, 6 ago. 2022. Disponível em <https://oglobo.globo.com/rio/noticia/2022/08/cartas-apreendidas-pela-policia-expoem-racha-entre-jerominho-e-batman-fundadores-da-maior-milicia-do-rio.ghtml> Acesso em 25 mar. 2025.

8   COELHO, H. e SARTRIANO, N. "Sargento da PM apontado como chefe de milícia em Itaguaí é preso". *G1*, 3 ago. 2018. Disponível em < https://g1.globo.com/rj/rio-de-janeiro/noticia/2018/08/03/sargento-da-pm-apontado-como-chefe-de-milicia-em-itaguai-e-preso.ghtml >. Acesso em 25 mar. 2025.

9   FILHO, H. B. "Morto em ação, acusado de liderar milícia dava refúgio a criminosos, diz MP". *UOL*, 17 out. 2020. Disponível em <https://noticias.uol.com.br/cotidiano/ultimas-noticias/2020/10/17/morto-em-acao-acusado-de-liderar-milicia-dava-refugio-a-criminosos-diz-mp.htm>. Acesso em 25 mar. 2025.

10 EXTRA. "Cabo Bené, chefe da milícia morto pela força-tarefa, teria fuzilado homem a mando de Ecko". *Extra*, 17 out. 2020. Disponível em <https://extra.globo.com/casos-de-policia/cabo-bene-chefe-da-milicia-morto-pela-forca-tarefa-teria-fuzilado-homem-mando-de-ecko-24697856.html>. Acesso em 25 mar. 2025.

11 SOARES, R. "Com ajuda de PMs da Zona Oeste, bando do Cabo Bené replicou modelo e levou milícia para a Baixada". *O Globo*, 16 out. 2020. Disponível em <https://oglobo.globo.com/rio/com-ajuda-de-pms-da-zona-oeste-bando-do-cabo-bene-replicou-modelo-levou-milicia-para-baixada-24696620>. Acesso em 25 mar. 2025.

12 TCHAO, E. "Polícia encontra cemitério clandestino para vítimas da milícia em Itaguaí". *G1*, 03 ago. 2018. Disponível em <https://g1.globo.com/rj/rio-de-janeiro/noticia/2018/08/03/policia-encontra-cemiterio-clandestino-para-vitimas-da-milicia-em-itaguai.ghtml>. Acesso em 25 mar. 2025.

13 FILHO, H. B. "Falou, morreu". *UOL*, 9 fev. 2020. Disponível em <https://noticias.uol.com.br/reportagens-especiais/ex-milicianos-viram-testemunhas-da-justica-e-acabam-assassinatos-de-maneira-brutal/>. Acesso em 29 abr. 2025.

14 FILHO, H. B. "Morto em ação, acusado de liderar milícia dava refúgio a criminosos, diz MP". *UOL*, 16 out. 2020. Disponível em <https://noticias.uol.com.br/cotidiano/ultimas-noticias/2020/10/17/morto-em-acao-acusado-de-liderar-milicia-dava-refugio-a-criminosos-diz-mp.htm>. Acesso em 29 abr. 2025.

15 Entrevista concedida pelo promotor do caso.

16 ZUAZO, P. "Milícia que atua em Itaguaí é 'franquia' da organização criminosa de Ecko, diz delegado". *Extra*, 2 ago. 2018. Disponível em <https://extra.globo.com/casos-de-policia/milicia-que-atua-em-itaguai-franquia-da-organizacao-criminosa-de-ecko-diz-delegado-22943203.html>. Acesso em 14 mar. 2025.

17 Idem.

18 SOARES, R. "Com ajuda de PMs da Zona Oeste, bando do Cabo Bené replicou modelo e levou milícia para a Baixada". *O Globo*, 16 out. 2020. Disponível em <https://oglobo.globo.com/rio/com-ajuda-de-pms-da-zona-oeste-bando-do-cabo-bene-replicou-modelo-levou-milicia-para-baixada-24696620>. Acesso em 25 mar. 2025.

19 G1. "Imagens mostram fuga de Batman pela porta da frente de presídio". *G1*, 6 nov. 2018. Disponível em <https://g1.globo.com/Noticias/Rio/0,,mul852615-5606,00-imagens+mostram+fuga+de+batman+pela+porta+da+frente+de+presidio.html>. Acesso em 25 mar. 2025.

20 TERRA. "Deputado quer legalizar milícias no Rio". *Terra*, 16 mar. 2007. Disponível em <https://www.terra.com.br/noticias/brasil/politica/deputado-quer-legalizar-milicias-no-rio,f2fe24d51491139f856ce9e94d4a88bc1m7unakr.html>. Acesso em 16 mar. 2007.

21 O GLOBO. "'Bonde' de milicianos é interceptado pela PRF na Avenida Brasil: seis bandidos foram baleados e nove estão presos; vídeo". *O Globo*, 7 mar. 2024. Disponível em <https://oglobo.globo.com/rio/noticia/2024/03/07/pelo-menos-seis-milicianos-sao-baleados-pela-policia-e-dez-foram-presos-em-bonde-interceptado-na-avenida-brasil.ghtml>. Acesso em 29 abr. 2025.

22 J. Marques, "PMs cantam 'parabéns' no hospital para miliciano preso durante ação na Avenida Brasil; veja vídeo", *O Globo*, 2024.

23 *Band*, "PMs presos pela morte de colega no Rio pesquisaram rotina e endereço dela", 2024.

24 I. Cano e T. Duarte, *No sapatinho: a evolução das milícias no Rio de Janeiro (2008-2011)*, 2012.

25. GONÇALVES, J. R. et al. "Vereadora do PSOL, Marielle Franco é morta a tiros na Região Central do Rio". *G1* e *TV Globo*, 14 mar. 2018. Disponível em <https://g1.globo.com/rj/rio-de-janeiro/noticia/vereadora-do-psol-marielle-franco-e-morta-a-tiros-no-centro-do-rio.ghtml>. Acesso em 14 mar. 2025.

26. I. Nogueira, "Ronnie Lessa consultou dados de ministro, deputados, pesquisadores e artistas", *ICL Notícias*, 7 jun. 2024. Disponível em <https://iclnoticias.com.br/ronnie-lessa-consultou-dados/>. Acesso em 14 mar. 2025.

27. O GLOBO. "Exímio atirador e frio: quem é Ronnie Lessa, apontado em delação como atirador que matou Marielle". *O Globo*, Rio de Janeiro, 25 jul. 2023. Disponível em <https://oglobo.globo.com/rio/noticia/2023/07/25/eximio-atirador-e-frio-quem-e-ronnie-lessa-apontado-em-delacao-como-atirador-que-matou-marielle.ghtml>. Acesso em 14 mar. 2025.

28. FILHO, J. "Famílias Bolsonaro e Brazão têm muito em comum: ligação com a milícia e terrenos na zona oeste do Rio". *Intercept Brasil*, 23 mar. 2024. Disponível em <https://www.intercept.com.br/2024/03/23/familias-bolsonaro-e-brazao-tem-muito-em-comum-ligacao-com-a-milicia-e-terrenos-na-zona-oeste-do-rio>. Acesso em 9 mar. 2025.

29. UCHÔA, M. e SAIGG, M. "Necropsia de Adriano da Nóbrega contradiz depoimento de PMs e indica que uma das balas o atingiu deitado". *G1*, 29 mar. 2021. Disponível em <https://g1.globo.com/rj/rio-de-janeiro/noticia/2021/03/29/necropsia-de-adriano-da-nobrega-contradiz-depoimento-de-pms-e-indica-que-uma-das-balas-o-atingiu-deitado.ghtml>. Acesso em 14 mar. 2025.

30. CARMO, W. "Além de rivais: livro revela a conexão mortal entre Ronnie Lessa e Adriano da Nóbrega". *Carta Capital*, 09 fev. 2024. Disponível em <https://www.cartacapital.com.br/entrevistas/alem-de-rivais-livro-revela-a-conexao-mortal-entre-ronnie-lessa-e-adriano-da-nobrega/>. Acesso em 14 mar. 2025.

31. S. Ramalho, *Decaído: a história do capitão do Bope Adriano da Nóbrega e suas ligações com a máfia do jogo, a milícia e o clã Bolsonaro*, 2024.

32. Sérgio Ramalho em entrevista a autora.

33. BETIM, F. e SABOYA, E. "Acusados de matar Marielle, PM e ex-PM são presos no Rio de Janeiro". *El País*, 12 mar. 2019. Disponível em <https://brasil.elpais.com/brasil/2019/03/12/politica/1552386220_696576.html>. Acesso em 14 mar. 2025.

34 HERINGER, C. et. al. "PMs cobravam propina até para entregas de eletrodomésticos em Bangu". *Extra*, 16 set. 2014.Disponível em <https://extra.globo.com/casos-de-policia/pms-cobravam-propina-ate-para-entregas-de-eletrodomesticos-em-bangu-13947022.html>. Acesso em 14 mar. 2025.

35 RICARDO, I. e SOARES, R. "PM recebia dinheiro em casa para não denunciar esquema de corrupção". *Extra*, 15 set. 2014. Disponível em <https://extra.globo.com/casos-de-policia/pm-recebia-dinheiro-em-casa-para-nao-denunciar-esquema-de-corrupcao-afirma-mp-13939602.html>. Acesso em 14 mar. 2025.

36 EXTRA. "Policial diz que Estado Maior da PM recebia R$ 15 mil mensais de cada batalhão". *Extra*, 22 set. 2014. Disponível em <https://extra.globo.com/casos-de-policia/policial-diz-que-estado-maior-da-pm-recebia-15-mil-mensais-de-cada-batalhao-14015915.html>. Acesso em 14 mar. 2025.

37 G1. "MP apura denúncias de propinas ao Estado-Maior da PM". *G1 Rio*, 25 set. 2014. Disponível em <https://g1.globo.com/rio-de-janeiro/noticia/2014/09/justica-militar-vai-apurar-denuncias-de-propinas-ao-estado-maior-da-pm.html>. Acesso em 14 mar. 2025.

38 TCHAO, E. e SATRIANO, N. "Juiz que reintegrou dezenas de PMs expulsos da corporação é obrigado a se aposentar". *G1*, 3 maio 2021. Disponível em <https://g1.globo.com/rj/rio-de-janeiro/noticia/2021/05/03/juiz-que-reintegrou-dezenas-de-pms-expulsos-da-corporacao-e-obrigado-a-se-aposentar.ghtml>. Acesso em 14 mar. 2025.

39 VENTURA, Giulia. "Médicos de São Paulo são executados em quiosque da Barra da Tijuca; saiba quem são". *O Globo*, 5 maio 2023. Disponível em <https://oglobo.globo.com/rio/noticia/2023/10/05/medicos-sao-mortos-em-ataque-de-criminosos-a-quiosque-da-barra-da-tijuca-saiba-quem-sao.ghtml>. Acesso em 10 mar. 2025.

40 ABBUD, B. "O condomínio da Barra no epicentro de investigação sobre Marielle". *O Globo*, 14 mar. 2019. Disponível em <https://oglobo.globo.com/epoca/o-condominio-da-barra-no-epicentro-de-investigacao-sobre-marielle-23522228>. Acesso em 10 mar. 2025.

41 R. Martins, *Relatos do front: fragmentos de uma tragédia brasileira*, 2018.

42 M. Glenny, *O Dono do Morro: um homem e a batalha pelo Rio*, 2016.

43 ALESSI, G. "Nem da Rocinha: 'Não me arrependo de ter sido traficante. O que você faria no meu lugar?'". *El País*, 15 mar. 2018. Disponível em <https://brasil.elpais.com/brasil/2018/03/13/politica/1520947959_760179.html>. Acesso em 10 mar. 2025.

44 S. Ramalho, *Decaído: a história do capitão do Bope Adriano da Nóbrega e suas ligações com a máfia do jogo, a milícia e o clã Bolsonaro*, 2024, p. 198.

45 SANTOS, E. "Saiba quem é Adilsinho, anfitrião da festa no Copacabana Palace na pandemia e agora foragido de operação contra máfia de cigarro". *G1*, 24 jun. 2021. Disponível em <https://g1.globo.com/rj/rio-de-janeiro/noticia/2021/06/24/saiba-quem-e-adilsinho-anfitriao-de-festa-no-copacabana-palace-na-pandemia-e-agora-foragido-de-operacao-contra-mafia-de-cigarro.ghtml>. Acesso em 10 mar. 2025.

46 GADO, R. e RODRIGUES, R. "Filhos de patronos de escolas de samba ligados ao jogo do bicho assumem carnaval". *O Globo*, 20 jan. 2019. Disponível em <https://oglobo.globo.com/rio/filhos-de-patronos-de-escolas-de-samba-ligados-ao-jogo-do-bicho-assumem-carnaval-23386873>. Acesso em 10 mar. 2025.

47 REVISTA QUEM. "Após desfile, Giovanna Lancellotti homenageia namorado, Gabriel David: 'Perseverante e genial'". *Globo*, 23 abr. 2022. Disponível em <https://revistaquem.globo.com/Carnaval/Rio-de-Janeiro/noticia/2022/04/apos-desfile-giovanna-lancellotti-homenageia-namorado-gabriel-david-perseverante-e-genial.html>. Acesso em 10 mar. 2025.

48 Disponível em <https://olhosdeverrj.com.br/?p=2489>. Acesso em 14 mar. 2025.

49 COELHO, H. e SATRIANO, N. "Sargento da PM apontado como chefe de milícia em Itaguaí é preso". *G1*, 3 ago. 2018. Disponível em <https://g1.globo.com/rj/rio-de-janeiro/noticia/2018/08/03/sargento-da-pm-apontado-como-chefe-de-milicia-em-itaguai-e-preso.ghtml?utm_source=facebook&utm_medium=social&utm_campaign=rjtv&utm_content=post>. Acesso em 10 mar. 2025.

50 COELHO, H. e SATRIANO, N. "PM investigava se sargento preso suspeito de chefiar milícia no Rio planejava matar comandante de batalhão". *G1*, 4 ago. 2018. Disponível em <https://g1.globo.com/rj/rio-de-janeiro/noticia/2018/08/04/pm-investigava-se-sargento-preso-suspeito-de-chefiar-milicia-no-rio-planejava-matar-comandante-de-batalhao.ghtml>. Acesso em 14 mar. 2025.

51 S. Silva e S. Ramalho, *Oficiais do crime: como funciona a corrupção estrutural na elite da PM do Rio*, 2024.

52 Ibidem, p. 38.

53 Idem.

54 Ibidem, p. 35.

55 R. Nogueira, *Como nascem os monstros: a história de um ex-soldado da Polícia Militar do estado do Rio de Janeiro*, 2013.

56 BARROS, C. "'A perversão começa na formação', diz PM condenado". *Agência Pública*, 20 jul. 2015. Disponível em <https://apublica.org/2015/07/a-perversao-comeca-na-formacao-diz-ex-pm-condenado/>. Acesso em 25 mar. 2025.

57 R. Nogueira, *Como nascem os monstros: a história de um ex-soldado da Polícia Militar do estado do Rio de Janeiro*, 2013, p. 148.

58 OLLIVEIRA, C. "Prepare-se para a 'eleição mais miliciana da história'". *Intercept Brasil*, 29 set. 2020. Disponível em <https://www.intercept.com.br/2020/09/29/prepare-se-eleicao-mais-miliciana-historia/>. Acesso em 14 mar. 2025.

59 Idem.

TERRA PRÓSPERA

1 ESTADO DE MINAS. "Rio já teve 5 ex-governadores presos; saiba quem são". *Estado de Minas*, 28 ago. 2020. Disponível em <https://www.em.com.br/app/noticia/politica/2020/08/28/interna_politica,1180384/rio-ja-teve-5-ex-governadores-presos-saiba-quem-sao.shtml>. Acesso em 14 mar. 2025.

2 PODER 360. "6 governadores do Rio foram afastados ou presos nos últimos 4 anos". *Poder 360*, 28 ago. 2020. Disponível em <https://www.poder360.com.br/brasil/6-governadores-do-rio-foram-afastados-ou-presos-nos-ultimos-4-anos/>. Acesso em 11 14 mar. 2025.

3 O GLOBO. "Lavagem de dinheiro, organização criminosa e mais: relembre as principais condenações de Sérgio Cabral". *O Globo*, 9 fev. 2023. Disponível em <https://oglobo.globo.com/rio/noticia/2023/02/lavagem-de-dinheiro-organizacao-criminosa-e-mais-relembre-as-principais-condenacoes-de-sergio-cabral.ghtml>. Acesso em 14 mar. 2025.

4 CASCARDO, R. "Justiça bloqueia R$ 106 milhões em bens de Pezão e outros dois réus". *CNN Brasil*, 8 dez. 2023. Disponível em <https://www.cnnbrasil.com.br/politica/justica-bloqueia-r-106-milhoes-em-bens-de-pezao-e-outros-dois-reus/>. Acesso em 14 mar. 2025.

5 PODER 360. "6 governadores do Rio foram afastados ou presos nos últimos 4 anos". *Poder 360*, 28 ago. 2020. Disponível em <https://www.poder360.com.br/brasil/6-governadores-do-rio-foram-afastados-ou-presos-nos-ultimos-4-anos/>. Acesso em 14 mar. 2025.

6 BBC. "Quem é Moreira Franco, ex-ministro de Temer preso nesta quinta-feira". *BBC News Brasil*, 21 mar. 2019. Disponível em <https://www.bbc.com/portuguese/brasil-47660187>. Acesso em 14 mar. 2025.

7   G1. "Veja o histórico de prisões de Garotinho e Rosinha". *G1*, 3 set. 2019. Disponível em <https://g1.globo.com/rj/rio-de-janeiro/noticia/2019/09/03/veja-o-historico-de-prisoes-de-garotinho-e-rosinha.ghtml>. Acesso em 11 14 mar. 2025.

8   O GLOBO. "Ex-governadora Rosinha Garotinho é alvo de operação da PF por suspeita de frause na previdência de Campos". *O Globo*, 28 nov. 2023. Disponível em <https://oglobo.globo.com/rio/noticia/2023/11/28/ex-governadora-rosinha-garotinho-e-alvo-de-operacao-da-pf-por-suspeita-de-fraude-na-previdencia-de-campos.ghtml>. Acesso em 14 mar. 2025.

9   Checado com Marcelo Semer, desembargador do TJSP, em 25 de julho de 2024.

10   SOARES, R. "Série pistoleiros: conheça a Patamo 500, patrulha que formou Ronnie Lessa, acusado de assassinar Marielle Franco". *O Globo*, 5 dez. 2021. Disponível em <https://oglobo.globo.com/rio/serie-pistoleiros-conheca-patamo-500-patrulha-que-formou-ronnie-lessa-acusado-de-assassinar-marielle-franco-1-25298813>. Acesso em 14 mar. 2025.

11   Entrevista com Luiz Eduardo Soares, *Horizontes Antropológicos*, 2001.

12   ESCÓSSIA, F. "Garotinho demite pela TV assessor que denunciou 'banda podre' da polícia". *Folha de S. Paulo*, 18 mar. 2000. Disponível em <https://www1.folha.uol.com.br/fsp/cotidian/ff1803200001.htm>. Acesso em 14 mar. 2025.

13   MENASCE, M. "Presidentes demitem ministros por telefone sem qualquer cerimônia". *O Globo*, 30 set. 2015. Disponível em <https://acervo.oglobo.globo.com/em-destaque/presidentes-demitem-ministros-por-telefone-sem-qualquer-cerimonia-17654559>. Acesso em 11 14 mar. 2025.

14   ESCÓSSIA, F. "Garotinho demite pela TV assessor que denunciou 'banda podre' da polícia". *Folha de S. Paulo*, 18 mar. 2000. Disponível em <https://www1.folha.uol.com.br/fsp/cotidian/ff1803200001.htm>. Acesso em 14 mar. 2025.

15   SOARES, R. "Série pistoleiros: conheça a Patamo 500, patrulha que formou Ronnie Lessa, acusado de assassinar Marielle Franco". *O Globo*, 5 dez. 2021. Disponível em <https://oglobo.globo.com/rio/serie-pistoleiros-conheca-patamo-500-patrulha-que-formou-ronnie-lessa-acusado-de-assassinar-marielle-franco-1-25298813>. Acesso em 14 mar. 2025.

16   O GLOBO. "Juíza Patrícia Acioli foi alvejada com 21 tiros, diz delegado". *O Globo*, 12 ago. 2011. Disponível em <https://oglobo.globo.com/rio/juiza-patricia-acioli-foi-alvejada-com-21-tiros-diz-delegado-2869786>. Acesso em 14 mar. 2025.

17 BISCHOFF, W. "Tenente-coronel condenado a 36 anos de prisão pela morte da juíza Patrícia Acioli vai para o semiaberto". *G1*, 23 maio 2023. Disponível em <https://g1.globo.com/rj/rio-de-janeiro/noticia/2023/05/23/tenente-coronel-da-pm-condenado-a-36-anos-de-prisao-pela-morte-da-juiza-patricia-acioli-vai-para-o-semiaberto.ghtml>. Acesso em 14 mar. 2025.

18 IDOETA, P. A. "O que Nova York pode ensinar a SP no combate à violência?" *BBC Brasil*, 11 dez. 2012. Disponível em <https://www.bbc.com/portuguese/noticias/2012/12/121206_crimes_novayork_pai>. Acesso em 14 mar. 2025.

19 T. Wendel e R. Curtis, "Tolerância zero: a má interpretação dos resultados", *Horizontes antropológicos*, 2002.

20 FELIPE, L. "Política de tolerância zero nos EUA diminuiu crimes e lotou presídios". *Agência Brasil*, 23 jun. 2028. Disponível em <https://agenciabrasil.ebc.com.br/geral/noticia/2018-06/politica-de-tolerancia-zero-nos-eua-diminuiu-crimes-e-lotou-presidios>. Acesso em 14 mar. 2025.

21 A. T. M. Costa, "Reformas institucionais e as relações entre a polícia e a sociedade em Nova Iorque", *Sociedade e Estado*, 2004.

22 IDOETA, P. A. "O que Nova York pode ensinar a SP no combate à violência?" *BBC Brasil*, 11 dez. 2012. Disponível em <https://www.bbc.com/portuguese/noticias/2012/12/121206_crimes_novayork_pai>. Acesso em 14 mar. 2025.

23 T. Wendel e R. Curtis, "Tolerância zero: a má interpretação dos resultados", *Horizontes Antropológicos*, 2002.

24 Disponível em <https://www.bbc.com/portuguese noticias/2012/12/121206_crimes_novayork_pai>. Acesso em 11 mar. 2025.

25 LISSARDY, G. "4 explicações para a impressionante queda da violência em Nova York". *BBC Mundo*, 22 jan. 2018. Disponível em <https://www.bbc.com/portuguese/internacional-42741088>. Acesso em 141 mar. 2025.

26 G1. "Policiais de Nova York testam mini câmeras em uniforme". *G1*, 03 dez. 2014. Disponível em <https://g1.globo.com/mundo/noticia/2014/12/policiais-de-nova-york-testam-mini-cameras-em-uniforme.html>. Acesso em 14 mar. 2025.

27 G1. "Justiça inocenta PMs acusados de matar e arrastar Cláudia Ferreira em viatura há dez anos no Rio". *G1*, 18 mar. 2024. Disponível em <https://g1.globo.com/rj/rio-de-janeiro/noticia/2024/03/18/justica-inocenta-pms-acusados-de-matar-e-arrastar-claudia-ferreira-em-viatura-ha-dez-anos-no-rio.ghtml>. Acesso em 11 mar. 2025.

28 OLLIVEIRA, C. "Rio extingue órgão que apura má conduta de PMs e fragiliza ainda mais controle de violência policial". *El País*, 16 abr. 2021. Disponível em <https://brasil.elpais.com/brasil/2021-04-16/rio-extingue-orgao-que-apura-ma-conduta-de-pms-e-fragiliza-ainda-mais-controle-de-violencia-policial.html>. Acesso em 14 mar. 2025.

29 Idem.

30 JÚNIOR, G. "Moradores do Recreio, cuidado: búfalos na pista. Búfalos?" *O Globo*, 19 jul. 2012. Disponível em <https://oglobo.globo.com/rio/bairros/moradores-do-recreio-cuidado-bufalos-na-pista-bufalos-5510725>. Acesso em 11 14 mar. 2025.

31 Entrevista concedida por José Cláudio Alves à autora.

32 JARDIM, L. "Jogo do bicho, milícia e Marielle: História de Adriano da Nóbrega vai virar filme". *O Globo*, 18 fev. 2024. Disponível em <https://oglobo.globo.com/blogs/lauro-jardim/post/2024/02/jogo-do-bicho-milicia-e-marielle-historia-de-adriano-da-nobrega-vai-virar-filme.ghtml>. Acesso em 14 mar. 2025.

33 JB ONLINE. "CPI das milícias ouvirá acusados de atentado à 35ª DP". *Jornal do Brasil*, 25 jun. 2008. Disponível em <https://www.jb.com.br/rio/noticias/2008/06/25/cpi-das-milicias-ouvira-acusados-de-atentado-a-35a-dp.html>. Acesso em 14 mar. 2025.

34 O GLOBO. "Miliciano preso teria jogado bomba contra delegacia". *Extra*, 23 jul. 2008. Disponível em <https://extra.globo.com/noticias/rio/miliciano-preso-teria-jogado-bomba-contra-delegacia-547252.html>. Acesso em 14 mar. 2025.

35 CASSIA, C. e COSTA, A. C. "Polícia prende suspeitos de fazerem bomba usada em ataque à delegacia de Campo Grande". *Extra*, 11 jun. 2008. Disponível em <https://extra.globo.com/noticias/rio/policia-prende-suspeitos-de-fazerem-bomba-usada-em-ataque-delegacia-de-campo-grande-525219.html>. Acesso em 11 mar. 2025.

36 MENDES, T. "Delegado afirma que ataque a delegacia de Campo Grande foi obra das milícias". *Extra*, 12 jun. 2008. Disponível em <https://extra.globo.com/noticias/rio/delegado-reafirma-que-ataque-delegacia-de-campo-grande-foi-obra-das-milicias-525818.html> . Acesso em 14 mar. 2025.

37 O GLOBO. "Pré-candidatos nas eleições de 2020 se reuniram com cúpula da milícia do tandera, aponta investigação do MP com a polícia". *O Globo*, 3 maio 2023. Disponível em <https://oglobo.globo.com/rio/noticia/2023/05/pre-candidatos-nas-eleicoes-de-2020-se-reuniram-com-cupula-da-milicia-do-tandera-aponta-investigacao-do-mp-com-a-policia.ghtml>. Acesso em 14 mar. 2025.

38 LOPES, R. "Justiça pede bloqueio de contas dos pré-candidatos a prefeito que se reuniram com chefe de milícia". *O Globo*, 8 maio 2023. Disponível em <https://oglobo.globo.com/rio/noticia/2023/05/justica-pede-bloqueio-de-contas-dos-pre-candidatos-a-prefeito-que-se-reuniram-com-chefe-da-milicia.ghtml>. Acesso em 14 mar. 2025.

39 MINISTÉRIO Público do Estado do Rio de Janeiro. "MPRJ prende seis pessoas e cumpre 25 madados de busca e apreensão contra integrantes da organização criminosa do Tandera". *MPRJ*, 3 maio 2023. Disponível em <https://www.mprj.mp.br/web/guest/visualizar?noticiaId=123215>. Acesso em 14 mar. 2025.

40 SILVA, G. "Milícia do Rio planejava eleger juízes, prefeitos, vereadores e promotores". *Veja*, 4 maio 2023. Disponível em <https://veja.abril.com.br/brasil/milicia-do-rio-planejava-eleger-juizes-prefeitos-vereadores-e-promotores>. Acesso em 14 mar. 2025.

41 SISEJUFE. "Acusados de assassinar servidora do TRE são condenados a 17,5 anos de prisão". *SISEJUFE*, 14 nov. 2019. Disponível em <https://sisejufe.org.br/noticias/acusados-de-assassinar-servidora-do-tre-sao-condenados-a-175-anos-de-prisao/>. Acesso em 14 mar. 2025.

42 Entrevista de Chico Otávio à autora.

43 Entrevista de José Cláudio Alves à autora.

44 JUNQUEIRA, F. et al. "Escola Alemã Corcovado coloca plano de segurança em ação para proteger alunos de tiroteio no Dona Marta". *O Globo*, 19 jun. 2018. Disponível em <https://oglobo.globo.com/rio/escola-alema-corcovado-coloca-plano-de-seguranca-em-acao-para-proteger-alunos-de-tiroteio-no-dona-marta-22797140>. Acesso em 14 mar. 2025.

45 O GLOBO. "Em 19 de dezembro de 2008, Dona Marta ganhou a primeira UPP do estado". O Globo, 02 dez. 2013. Disponível em <https://acervo.oglobo.globo.com/fatos-historicos/em-19-de-dezembro-de-2008-dona-marta-ganhou-primeira-upp-do-estado-10942108>. Acesso em 14 mar. 2025.

46 Disponível em <https://assets.lupa.news/423/4233174.pdf>. Acesso em 14 mar. 2025.

47 BALMA, C. "Cabral é eleito no Rio de Janeiro com maioria absoluta dos votos". *G1*, 29 out. 2006. Disponível em <https://g1.globo.com/Noticias/Eleicoes/0,,AA1330709-6302-775,00.html>. Acesso em 11 mar. 2025.

48 Geni. Disponível em <https://geni.uff.br/2024/06/04/atualizacao-do-mapa-historico-dos-grupos-armados/>. Acesso em 14 mar. 2025.

49 OLLIVEIRA, C. e al. "O caso Marielle. Parte 8". *Intercept Brasil*, 5 abr. 2018. Disponível em <https://www.intercept.com.br/2018/04/05/milicia-controle-rio-de-janeiro>. Acesso em 25 mar. 2025.

50 VIEIRA, I. "CPI vai investigar condições das UPPs implantadas nas favelas do Rio". *Agência Brasil*, 7 mar. 2018. Disponível em <https://agenciabrasil.ebc.com.br/geral/noticia/2018-03/cpi-vai-investigar-condicoes-das-upps-implantadas-nas-favelas-do-rio>. Acesso em 14 mar. 2025.
51 S. Ramos e A. Paiva, *A blogosfera policial no Brasil: do tiro ao twitter*, 2009.
52 D. Borges, E. Ribeiro e I. Cano, "Os donos do morro: uma avaliação exploratória do impacto das Unidades de Polícia Pacificadora (UPPs) no Rio de Janeiro", *Ciência & Saúde Coletiva*, 2015.
53 TV GLOBO e O GLOBO. "Em visita à Colômbia, Cabral conhece programas de segurança". *Extra*, 23 mar. 2007. Disponível em <https://extra.globo.com/noticias/rio/em-visita-colombia-cabral-conhece-programas-de-seguranca-734145.html>. Acesso em 11 14 mar. 2025.
54 Cara a Tapa – Rodrigo Pimentel, 2022. Disponível em <https://www.youtube.com/watch?v=k-TQrJQjsXs>. Acesso em 12 mar. 2025.

A EVOLUÇÃO DOS BICHOS

1 J. M. Salles e K. Lund, *Notícias de uma guerra particular*, 1999.
2 HERINGER, C. "Hélio Luz, ex-chefe da Polícia Civil: 'O Brasil é o país do improviso'". *Extra*, 5 ago. 2012. Disponível em <https://extra.globo.com/casos-de-policia/helio-luz-ex-chefe-de-policia-civil-brasil-o-pais-do-improviso-5689936.html>. Acesso em 14 mar. 2025.
3 Intervenção Federal RJ. Disponível em <http://www.intervencaofederalrj.gov.br/intervencao/perguntas-e-respostas>. Acesso em 12 mar. 2025.
4 GALDO, R. et. al. "Compras da intervenção federal na Segurança Pública do Rio deflagram ação da PF; entenda". *O Globo*, 13 set. 2023. Disponível em <https://oglobo.globo.com/rio/noticia/2023/09/13/compras-da-intervencao-federal-na-seguranca-publica-do-rio-deflagram-acao-da-pf-entenda.ghtml>. Acesso em 12 14 mar. 2025.
5 TRALLI, C. "Já ministro, Braga Netto continuou a manter contato com investigados por corrupção na intervenção federal no RJ". *G1*, 12 set. 2023. Disponível em <https://g1.globo.com/rj/rio-de-janeiro/noticia/2023/09/12/ja-ministro-braga-netto-continuou-a-manter-contato-com-investigados-por-corrupcao-na-intervencao-federal-no-rj.ghtml>. Acesso em 12 14 mar. 2025.

6   BRASIL DE FATO. "General Braga Netto é preso pela PF por obstruir investigações sobre plano de golpe de Estado". *Brasil de Fato*, 14 dez. 2024. Disponível em <https://www.brasildefato.com.br/2024/12/14/general-braga-netto-e-preso-pela-pf-por-obstruir-investigacoes-sobre-plano-de-golpe-de-estado/>. Acesso em 14 mar. 2025.

7   RICHTER, A. "Alexandre de Moraes mantém prisão do general Braga Netto". *Agência Brasil*, 26 dez. 2024. Disponível em <https://agenciabrasil.ebc.com.br/justica/noticia/2024-12/alexandre-de-moraes-mantem-prisao-do-general-braga-netto>. Acesso em 14 mar. 2025.

8   CORREIA, B. e FREIRE, F. "Polícia prende no Rio dono de postos de gasolina suspeito de lavar dinheiro da milícia de Zinho". *G1*, 1 jun. 2023. Disponível em <https://g1.globo.com/rj/rio-de-janeiro/noticia/2023/06/01/operacao-em-2-estados-mira-braco-financeiro-da-milicia.ghtml>. Acesso em 12 mar. 2025.

9   FREIRE, F. e ALVES, L. "Operação mira rede de farmácias usada para lavar dinheiro da milícia". *G1*, 26 nov. 2024. Disponível em <https://g1.globo.com/rj/rio-de-janeiro/noticia/2024/11/26/operacao-lavagem-dinheiro-da-milicia.ghtml>. Acesso em 14 mar. 2025.

10   SOARES, R. "Pedidos de PMs à milícia de Rio das Pedras vão de dinheiro para feijoada a ingressos para shows, revelam escutas telefônicas". *Extra*, 2 jan. 2022. Disponível em <https://extra.globo.com/casos-de-policia/guerra-do-rio/pedidos-de-pms-milicia-de-rio-das-pedras-vao-de-dinheiro-para-feijoada-ingressos-para-shows-revelam-escutas-telefonicas-25338634.html>. Acesso em 12 mar. 2025.

11   CRUZ, A. e BRASIL, M. "Operação mira empresas suspeitas de lavar dinheiro para a milícia de Zinho; grupo movimentou R$ 135 milhões desde 2017". *G1*, 28 fev. 2024. Disponível em <https://g1.globo.com/rj/rio-de-janeiro/noticia/2024/02/28/operacao-contra-lavagem-de-dinheiro-da-milicia.ghtml>. Acesso em 14 mar. 2025.

12   PEREZ, F. "PCC fatura R$ 4,9 bilhões ao ano com tráfico e preocupa europeus". *UOL*, 4 set. 2023. Disponível em <https://noticias.uol.com.br/cotidiano/ultimas-noticias/2023/09/04/pcc-faturamento-trafico-internacional-drogas.htm>. Acesso em 14 mar. 2025.

13   NAÇÕES UNIDAS. "Crime organizado transnacional gera 870 bilhões de dólares por ano, alerta campanha do UNODC". *Nações Unidas Brasil*, 16 jul. 2012. Disponível em <https://brasil.un.org/pt-br/60076-crime-organizado-transnacional-gera-870-bilh%C3%B5es-de-d%C3%B3lares-por-ano-alerta-campanha-do-unodc>. Acesso em 25 mar. 2025.

14 ODILLA, F. e ALEGRETTI, L. "PIB 2019: Por que o tráfico de drogas entra no cálculo do indicador europeu e como essa conta poderia inflar o indicador brasileiro". *BBC News Brasil*, 26 maio 2019. Disponível em <https://www.bbc.com/portuguese/brasil-48340243https://www.bbc.com/portuguese/brasil-48340243>. Acesso em 14 mar. 2025.

15 OLLIVEIRA, C. e DIAS, T. "Marielle foi morta para que Brazão conseguisse aprovar PL de grilagem de terras na Zona Oeste do Rio". *Intercept Brasil*, 24 mar. 2024. Disponível em <https://www.intercept.com.br/2024/03/24/marielle-foi-morta-para-que-brazao-conseguisse-aprovar-pl-de-grilagem-de-terras-na-zona-oeste-do-rio/>. Acesso em 14 mar. 2025.

16 CÂMARA DOS DEPUTADOS. "Prisão do deputado Chiquinho Brazão, acusado de mandar matar Marielle, repercute entre parlamentares". *Câmara dos Deputados*, 25 mar. 2024. Disponível em <https://www.camara.leg.br/noticias/1046619-prisao-do-deputado-chiquinho-brazao-acusado-de-mandar-matar-marielle-repercute-entre-parlamentares/>. Acesso em 14 mar. 2025.

17 UOL. "Suspeitos ligados a Rogério de Andrade são investigados por morte de Falcon". *UOL*, 18 dez. 2024. Disponível em <https://noticias.uol.com.br/cotidiano/ultimas-noticias/2024/12/18/suspeitos-ligados-a-rogerio-de-andrade-sao-investigados-por-morte-de-falcon.htm>. Acesso em 14 mar. 2025.

18 CARVALHO, P. "Genro de Maninho é assassinado a tiros". *Extra*, 17 set. 2011. Disponível em <https://extra.globo.com/casos-de-policia/genro-de-maninho-assassinado-tiros-dentro-de-centro-de-umbanda-na-praca-seca-2636342.html>. Acesso em 14 mar. 2025.

19 ARAÚJO, V. "Caso Marielle: 'Sumia-se com estantes inteiras de processos'; diz delator sobre o pagamento para dar fim as investigações". *O Globo*, 27 ago. 2024. Disponível em <https://oglobo.globo.com/blogs/segredos-do-crime/coluna/2024/08/caso-marielle-sumia-se-com-estantes-inteiras-de-processos-diz-delator-sobre-o-pagamento-para-dar-fim-as-investigacoes.ghtml>. Acesso em 16 abr. 2025.

20 ARAÚJO, V. "Caso Marielle: 'Capitão Adriano iria ser colocado no assassinato da vereadora, mas pagou R$ 1,5 milhão à DH'; disse Élcio". *O Globo*, 30 ago. 2024. Disponível em <https://oglobo.globo.com/rio/noticia/2024/08/30/caso-marielle-capitao-adriano-iria-ser-colocado-no-assassinato-da-vereadora-mas-pagou-r15-milhao-a-dh-disse-elcio.ghtmlhttps://oglobo.globo.com/rio/noticia/2024/08/30/caso-marielle-capitao-adriano-iria-ser-colocado-no-assassinato-da-vereadora-mas-pagou-r15-milhao-a-dh-disse-elcio.ghtml>. Acesso em 14 mar. 2025.

21 SAIGG, M. e GIMENEZ, E. "Allan Turnowski, ex-chefe da Polícia Civil do RJ, é preso por suspeita de envolvimento com jogo do bicho". *O Globo*, 09 set. 2022. Disponível em <https://g1.globo.com/rj/rio-de-janeiro/noticia/2022/09/09/ex-secretario-de-policia-civil-e-preso.ghtml>. Acesso em 14 mar. 2025.

22 LIMA, B. "Chefe de Polícia do RJ que foi preso pode voltar ao governo". *Metropóles*, 16 out. 2022. Disponível em <https://www.metropoles.com/colunas/guilherme-amado/chefe-de-policia-do-rj-que-foi-preso-pode-voltar-ao-governo>. Acesso em 14 mar. 2025.

23 G1. "Moradores registram mais de 15 horas de tiroteios nos complexos do Alemão e da Penha". *G1*, 24 jan. 2025. Disponível em <https://g1.globo.com/rj/rio-de-janeiro/videos-rj2/playlist/videos-rj2-de-sexta-feira-24-de-janeiro-de-2025.ghtml#video-13286998-id>. Acesso em 14 mar. 2025.

24 CASAS NOVAS, B. et al. "Megaoperação no Alemão e na Penha deixa 6 mortos e 8 feridos". *G1*, 24 jan. 2025. Disponível em <https://g1.globo.com/rj/rio-de-janeiro/noticia/2025/01/24/forcas-de-seguranca-na-zona-norte-do-rio.ghtml>. Acesso em 14 mar. 2025.

25 RJ2. "Após mortes no Alemão, secretário de Segurança do RJ diz que opção de confronto é de bandidos: 'O estado tem que se fazer presente'". *G1*, 25 jan. 2025. Disponível em <https://g1.globo.com/rj/rio-de-janeiro/noticia/2025/01/25/apos-mortes-no-alemao-secretario-de-seguranca-do-rj-diz-que-opcao-de-confronto-e-de-bandidos-o-estado-tem-que-se-fazer-presente.ghtml>. Acesso em 14 mar. 2025.

26 Idem.

27 S. Lumet, *Serpico*, 1973.

28 S. Silva e S. Ramalho, "A perversão começa na formação", in *Oficiais do crime: como funciona a corrupção estrutural na elite da PM do Rio*, 2024.

29 MOREIRA, G. "Policiais são punidos por comentários no Twitter". *O Estado de S. Paulo*, 27 out. 2010. Disponível em <https://www.estadao.com.br/sao-paulo/policiais-sao-punidos-por-comentarios-no-twitter-imp-/>. Acesso em 14 mar. 2025.

30 COSTA, A. C. "A turma do caranguejo: tarde e noites no Satyricon, onde se farta a elite carioca". *piauí*, dez. 2024. Disponível em <https://piaui.folha.uol.com.br/materia/a-turma-do-caranguejo/>. Acesso em 14 mar. 2025.

31 SAMOR, G. "A agonia do Antiquarius". *Brazil Journal*, 1 jun. 2018. Disponível em <https://braziljournal.com/a-agonia-do-antiquarius/>. Acesso em 14 mar. 2025.

32 FRÓES, L. "Fim de um símbolo: afundado em dívidas, Antiquarius fecha as portas". *O Globo*, 8 jun. 2018. Disponível em <https://oglobo.globo.com/rio/fim-de-um-simbolo-afundado-em-dividas-antiquarius-fecha-as-portas-22756872>. Acesso em 12 mar. 2025.

Referências

ALVES, José Cláudio Souza. *Dos barões ao extermínio: uma história da violência na Baixada Fluminense*. Rio de Janeiro: Consequência, 2020.

AMERICAN BATTLEFIELD TRUST. "Philip Sheridan". s/d. Disponível em <https://www.battlefields.org/learn/biographies/philip-sheridan>. Acesso em 14 mar. 2025.

BRASIL. Lei de Acesso à Informação - Lei nº 12.527, de 18 de novembro de 2011. *Diário Oficial da República Federativa do Brasil*, Brasília, DF, 18 nov. 2011.

CANO, I. e DUARTE, T. *No sapatinho: a evolução das milícias no Rio de Janeiro (2008-2011)*. Rio de Janeiro: Fundação Heinrich Böll, 2012.

CARA a tapa - Rodrigo Pimentel. Apresentação de: Rica Perrone. Estúdio Century, 15 mar. 2022. *Cara a tapa*. Disponível em: https://www.youtube.com/watch?v=k-TQrJQjsXs. Acesso em: 12 mar. 2025.

CARVALHO, Luiz. *Cobras criadas*. São Paulo: SENAC SP, 2004.

COSTA, A. T. M. Reformas institucionais e as relações entre a polícia e a sociedade em Nova Iorque. *Sociedade e Estado*, v. 19, n. 1, p. 173-202, jan./jun. 2004.

DOWDNEY, Luke. *Crianças do tráfico: um estudo de caso de crianças em violência armada organizada no Rio de Janeiro*. Rio de Janeiro: 7 Letras, 2003.

ENTREVISTA com Luiz Eduardo Soares. *Horizontes Antropológicos*, v. 7, n. 15, p. 239-270, jul. 2001.

GLENNY, Misha. *O Dono do Morro: um homem e a batalha pelo Rio*. São Paulo: Companhia das Letras, 2016.

KONDZILLA (Konrad Dantas) e ARAÚJO, Johnny. *Sintonia*. São Paulo: Losbragas (Série de televisão).

LEAL, Arthur. "O nascimento da milícia em Rio das Pedras, pela visão de um morador". *O Globo*, 25 jul. 2019. Disponível em <https://oglobo.globo.com/epoca/rio/o-nascimento-da-milicia-em-rio-das-pedras-pela-visao-de-um-morador-23831103>. Acesso em 14 mar. 2025.

LUMET, Sidney *Serpico*. Estados Unidos, 1973.

MANSO, Bruno Paes. *A república das milícias: dos esquadrões da morte à era Bolsonaro*. São Paulo: Todavia, 2020.

MARTINS, Renato *Relatos do front: fragmentos de uma tragédia brasileira*. Brasil: Globo Filmes, 2018.

MEMÓRIAS DE ITAGUAÍ. [Sem título]. *Memórias de Itaguaí*, 20 jun. 2020. Disponível em <https://www.facebook.com/photo.php?fbid=1786728541468693&id=154390338035863&set=a.512249932249900&_rdc=2&_rdr#%3E.>. Acesso em 14 mar. 2025.

MILÍCIA RJ NEWS. [Sem título]. *@RjMilicia*. Disponível em <https://x.com/RjMilicia/status/1879308029382066576>. Acesso em 14 mar. 2025.

NOGUEIRA, Rodrigo *Como nascem os monstros: a história de um ex-soldado da Polícia Militar do estado do Rio de Janeiro*. São Paulo: Topbooks, 2013.

PADILHA, José. *Tropa de elite*. Rio de Janeiro: Zazen Produções, 2007 (filme).

PEDRETTI, Lucas. *A transição inacabada: violência de Estado e direitos humanos na redemocratização*. Rio de Janeiro: Companhia das Letras, 2024.

SALLES, João Moreira e LUND, Kátia *Notícias de uma guerra particular*. Brasil: VideoFilmes, 1999.

SILVA, Sargento e RAMALHO, Sérgio *Oficiais do crime: como funciona a corrupção estrutural na elite da PM do Rio*. São Paulo: Matrix, 2024.

SOUZA, Eduardo Ribeiro de Os donos do morro: uma avaliação exploratória do impacto das Unidades de Polícia Pacificadora (UPPs) no Rio de Janeiro. *Ciência & Saúde Coletiva*, v. 20, n. 12, p. 3951-3952, dez. 2015.

SOARES, Rafael. *Milicianos: como agentes formados para combater o crime passaram a matar a serviço dele*. Rio de Janeiro: Objetiva, 2023.

RAMALHO, Sérgio *Decaído: a história do capitão do Bope Adriano da Nóbrega e suas ligações com a máfia do jogo, a milícia e o clã Bolsonaro*. São Paulo: Matrix, 2024.

RAMOS, Silvia; PAIVA, Anabela. *A blogosfera policial no Brasil: Do tiro ao twitter*. Brasília/Rio de Janeiro: Unesco/CESeC (Série Debates CI, 1), out. 2009.

REGO NETO, Antenor. *Le Cocq e a Scuderie: Uma aventura pelas máximas e crônicas policiais*. Ponta Grossa: Atena, 2022.

REGO NETO, Antenor. "A lenda dos doze homens de ouro". *Adepol RJ*, 11 set. 2015.

WENDEL, Travis e CURTIS, Ric Tolerância zero: a má interpretação dos resultados. *Horizontes Antropológicos*, v. 8, n. 18, p. 267-278, dez. 2002.

Linha do tempo

Assassinato de Cara de Cavalo e formação do **Esquadrão Le Cocq**

1960s 1960   1961   1962   1963   1964

Chegada da Cocaína ao Rio

Carlos Eduardo Benevides Gomes (**Cabo Bené**) nasce em 22 de agosto em Itaguaí (RJ)

Governo **Leonel Brizola**

1980s 1980   1981   1982   1983   1984

✝ Assassinatos de:
Ver. **Álvaro Fentane** (PFL)
Ver. **Dalto Apolinário** (PDT)
Sec. **Elizabeth Ribeiro**

Brizola renuncia. **Nilo Batista** assume o governo do RJ

2º Governo **Leonel Brizola**   **Nilo Batista**

1990s 1990   1991   1992   1993   1994

✝ Assassinatos de:
Sec. **Rui Lucas de Oliveira**
Sec. **Elias Ferraz**

| 1965 | 1966 | 1967 | 1968 | 1969 |

Início da redemocratização
no Brasil

Capitão Guimarães preside a Liesa

| 1985 | 1986 | 1987 | 1988 | 1989 |

Marcelo Alencar cria a "gratificação faroeste" para policiais

Atuação da violenta patrulha Patamo 500

Governo **Marcelo Alencar**

Governo **Garotinho**

| 1995 | 1996 | 1997 | 1998 | 1999 |

Liga da Justiça é criada

Criação da Liga da Justiça por **Jerominho** e **Natalino Guimarães** em Campo Grande

Garotinho renuncia. **Benedita da Silva** assume o governo do RJ

Benedita da S. | Governo **Rosinha Garotinho**

2000s 2000 2001 2002 2003 2004

Liga da Justiça sob comando de **Jerominho, Natalino, Batman, Toni Ângelo e Gão**

Cabo Bené é aprovado em 78° lugar no concurso para soldado da PM do Rio e alocado no 27° Batalhão, em Santa Cruz

✝ **Elizabete Lopes Machado**, servidora do TRE em Seropédica, é assassinada por tentar impedir fraudes eleitorais

Expansão da milícia em Itaguaí após a Copa do Mundo

Governo **Sérgio Cabral**

2010s 2010 2011 2012 2013 2014

Carlinhos Três Pontes assume

Expulsão de **Passarinho** da PM

Prisão de **Toni Ângelo**

Prisão de **Gão**

Passarinho, Toinho e **Bené** estabelecem milícia em Itaguaí; **Bené** atua como líder da "Milícia de Chaperó"

| Primeiro uso do termo "milícia" na imprensa, pela jornalista Vera Araújo | | Sequestro e tortura de jornalistas do jornal O Dia | **Cabo Bené** aparece na lista de indiciados no Relatório da CPI das Milícias | |

CPI das milícias

| 2005 | 2006 | 2007 | 2008 | 2009 |

| | | Prisão de **Jerominho** | Prisão de **Natalino** | Prisão de **Batman** | Expulsão de **Cabo Bené** da PM |

| Criação do Gaesp | Subtenente **Manoel Lisboa** é assassinado em crime atribuído a **Carlinhos Três Pontes** | Prisão de **Geday**, cujo celular propiciou o mapeamento da milícia de Itaguaí | Prisão de **Pezão** | Aliança entre Sgt. **Cabral** e **Ecko**. Expulsão de traficantes de Nova Iguaçu |
| | Prisão de **Sérgio Cabral** | | | |

CPI das UPPs

| 2015 | 2016 | 2017 | 2018 | 2019 |

Ecko assume

| ✝ Vereador **Luciano DJ** (PCdoB) e candidato **Júlio Reis** são assassinados em crime atribuído a **Carlinhos Três Pontes** | **Passarinho** se entrega à Polícia | Assassinato de **Carlinhos Três Pontes** | Prisão de **Toinho**; **Bené** assume liderança total em Itaguaí ✝ Vereadora **Marielle Franco** (PSOL) e **Anderson Gomes** são executados por milicianos | Morte do delator **Dufaz** |

219

Operação policial em Nova Iguaçu mata cinco milicianos do grupo de **Tandera**

No dia seguinte, operação mata **Bené** e 11 milicianos em Itaguaí

Início da força-tarefa contra milícias nas eleições

Gaesp é extinto pelo MP

Morte de **Ecko**

Governo **Cláudio Castro**

2020s
2020 2021 2022

Assassinato de **Domingos Cabral** (DEM), pré-candidato e PM líder da milícia em Nova Iguaçu. Crime atribuído a **Ecko**.

Menos de 15 dias depois, assassinato de **Mauro da Rocha** (PTC)

Assassinato de **Jerominho**, morto a tiros em Campo Grande; Faustão e Naval são suspeitos

Morte de **Faustão**; 35 ônibus são queimados

Zinho se entrega à PF

Morte de **Pipito**

Recriação do Gaesp

2023　　　2024　　　2025

Disputa pelo espólio do **Bonde do Ecko**. Tiroteios intensos em Seropédica

PF conclui relatório sobre o caso **Marielle**

Agradecimentos

Agradeço as muitas mãos que me trouxeram até aqui. Um amor que me alimentou, amigos que cansaram de ouvir detalhes que podem ser um pouco demais para quem não acompanha violência de perto, policiais e promotores que falaram comigo nos bastidores, moradores, além de várias fontes que não posso nomear, para que elas vivam para ver esta história continuar – já que não há real perspectiva de mudança.

O sistema é foda, parceiro.

Este livro foi editado pela Bazar do Tempo, na cidade
de São Sebastião do Rio de Janeiro, em maio de 2025.
Ele foi composto com as tipografias Bricolage e Arnhem,
e impresso em papel pólen bold 70g/m² na gráfica Rotaplan.

1ª reimpressão, julho 2025